AF296893

# ROGRAMME DE 1885

## DÉFINITIONS ET RÉSUMÉ

# DE PHILOSOPHIE

### AVEC L HISTOIRE DE LA PHILOSOPHIE
### ET L ANALYSE DE TOUS LES AUTEURS INDIQUES

par

## PAUL MABILLE

PROFESSEUR DE PHILOSOPHIE
DOCTEUR ES LETTRES
OFFICIER DE L INSTRUCTION PUBLIQUE

DEUXIEME EDITION

## Prix 2 Francs

## VESOUL

IMPRIMERIE DE L CIVAL FILS

## 1885

# PROGRAMME DE 1885

## DÉFINITIONS ET RÉSUMÉ

# DE PHILOSOPHIE*

## INTRODUCTION

### I — La science et les sciences

**1.** — Une *science* est un système de connnaissances liées entre elles par des rapports naturels et rationnels

**2** — Ces connaissances doivent etre importantes, géne rales, impersonnelles et relatives à l'essence des etres, à leur cause, a leur fin, ou à la loi des phénomenes

**3** — La science humaine a pour triple objet le monde, l'homme et Dieu De la *les sciences* 1º mathematiques, 2º physiques et naturelles, 3º morales et metaphysiques On dit encore que les unes sont cosmologiques avec objet soit abstrait soit concret, les autres noologiques

En géneral les phénomenes physiques sont plus simples que ceux de physiologie et ceux-ci moins complexes que

* Les mots en italiques sont les mots définis
Les seize auteurs du programme de 1885 sont analysés et répartis dans la suite de l histoire de la philosophie (Voir la table des matières )

les faits psychologiques, car les facultes de l'âme n'apparaissent que dans la matièie vivante et celle-ci suppose la matiere brute

**4.** — Des 128 sciences définies et classees par Ampere, les principales sont 1° les mathematiques, la mécanique, l'astronomie, la physique, la chimie, l'histoire naturelle comprenant la zoologie, la botanique, la minerelogie et la geologie, puis 2° la psychologie, l'esthetique, la logique, la morale, la philologie, la sociologie (jurisprudence, politique, economie politique, droit des gens), l'histoire et ses subdivisions, la métaphysique et la theologie

**5** — Au-dessus des sciences particulieies, l'esprit humain conçoit une science superieuie et maitresse qui les domine pai l'universalite de son point de vue, c'est la *philosophie des sciences*, elle embrasse tout, sinon pai les détails, du moins par les principes, elle a pour objet les idees fondamentales, les principaux résultats et les lois les plus vastes des autres sciences.

**6** — Au-dessus des mémoiies et de l'histoire narrative se place la *philosophie de l'histoire* Elle s eleve aux causes générales Ces causes sont le milieu, le climat, les mœurs, le degre de civilisation, l'influence des peuples dominants et des hommes extraordinaires

**7.** — La *philosophie du droit* consiste à saisir l'esprit des lois et des codes, a eu indiquer les rapports avec la morale, à en déteiminer les grands principes, les caiacteies communs et les piogres successifs.

## II — La philosophie : objet et division de la philosophie

**8.** — La *philosophie élémentaire* s'est reserve, comme son domaine inalienable, l'etude de l'âme humaine et de Dieu, c'est la son objet propre, et alors la methode exige qu'on aille de l'homme à Dieu.

**9** — Mais si l'on se place à un point de vue plus elevé, la *philoscphi*- est la science des princ.pes soit de l'existence des choses et des êtres, soit de la conduite et de l intelligence humaines Elle recherche la loi, la cause et la raison de tout, elle s'eleve dans chaque ordre de connaissances, aux verites premieres et universelles

**10** — La philosophie a pour *utilité* d apprendre à se rendre compte, elle est une discussion éclairee, une ecole de reflexion personnelle, elle aboutit a des conclusions en partie dogmatiques, en partie sceptiques

Cinq sciences distinctes constituent aujourd hui la philosophie élémentaire la psychologie, la logique la morale, la métaphysique et l'histoire de la philosophie

**11** — La philosophie, ainsi définie et divisee, soutient, par l'une ou l'autre de ses parties, d'intimes *rapports* avec toutes les sciences soit exactes, soit physiques, soit morales En effet, la psychologie et la morale fondent la plupart des sciences morales, la logique resume les diverses methodes employees par les savants, et la métaphysique est comme le couronnement de tout notre savoir

# PSYCHOLOGIE

**I.** — **Objet de la psychologie — Caractères propres des faits qu'elle étudie — Les faits psychologiques et les faits physiologiques**

**12.** — L'homme est un tout naturel en qui l'on distingue d'abord des phenomènes et fonctions physiologiques, puis des phenomènes et facultés psychologiques, on rapporte les premiers au corps, les seconds à l âme Or, bien que l'âme soit la chose principale en nous, cependant le corps et ses organes sont la condition actuellement necessaire de la vie spirituelle.

**13** — La *physiologie* constate dans le corps d'abord les fonctions de nutrition pour l'assimilation et l'élimination des matières, puis les fonctions de relation, os et muscles A la nutrition se rattache le système des nerfs ganglionnaires ou grand sympathique, et a la vie de relation appartiennent, pour la marche, le mouvement et l'équilibre, les nerfs de l'encephale et ceux de la colonne vertebrale

**14** — Du cerveau, partie de l'encephale, dependent, à l'aide des cinq organes des sens, les facultes spirituelles de la sensibilite et de l'intelligence Pour l'exercice de la volonte et de la force motrice, le cerveau, à la suite d'une volition ou résolution, agit sur les nerfs moteurs et ceux-ci sur les muscles

**15.** — Les faits physiologiques *se distinguent* des faits psychologiques en ce que nous n'avons conscience que des seconds, de plus les premiers ne sont que des mouvements de la matière des organes, les seconds sont plus que des mouvements , on ne constate ni rapport exact, ni unite precise de comparaison entre ces deux ordres de faits des paroles dites à voix basse peuvent produire un sentiment violent ou de grandes et profondes pensées Le fait physiologique se localise dans le corps, se mesure par sa duree et sa situation organique , le fait psychologique n'admet pas un tel calcul De plus il est marque d'une dignite morale qui lui est propre

**16** — Neanmoins il y a *relation* entre ces deux classes de faits en ce que parfois ils sont ou combines et mixtes ou limitrophes ou causes reciproques les uns des autres

**17.** — La *psychologie* est la science des faits spirituels et aussi de leur cause substantielle, mais ce second objet peut être avec raison attribué à la métaphysique La psychologie est donc surtout la description et la classification exacte des etats du moi et des facultés de l'âme

**18** — Les faits qu'on etudie en psychologie ont pour *caractères propres* que nous en avons conscience et qu'ils n'apparaissent pas dans l'étendue. Ces faits ou phénomènes sont aussi réels que ceux de la matière, et même nous les connaissons plus directement Notre esprit n'atteint qu'imparfaitement ce qui est hors de lui

**II. — Méthode de la psychologie méthode subjective : la réflexion Méthode objective les langues, l'histoire, etc — De l'expérimentation en psychologie**

**10** — La *méthode de la psychologie* est d abord une *méthode subjective*, d'observation intérieure ayant pour premier et principal procede le temoignage intime aidé du souvenir et de la reflexion.

**20** — La *conscience* ou sens intime est la science intime de soi Se savoir est pour l'homme un privilege remarquable, sans lui ni psychologie, ni joie, ni douleur, ni pensée, ni langage, ni libre arbitre

**21** — La connaissance que donne la conscience, est certaine parce qu'elle est immediate, car le sujet qui connait est identique a l'objet connu. L'âme alors s'aperçoit elle-même. Il semble que nous plongeons dans notre être.

**22** — Mais cette connaissance admet des *degrés* Non seulement il y a des etats de basse et sourde conscience comme dans la rêverie dans le sommeil accompagné de rêves et dans les actes faits par habitude, mais souvent aussi l'âme se trouve dans l'inconscience complete, d'où les phenomènes, dits psychiques, du sommeil profond, de la syncope. Les deux autres degrés sont d'abord la conscience ordinaire avec souvenir fugitif, puis la réflexion plus profonde, moins distraite, mais plus pénible

**23.** — Le domaine de la conscience est un monde *limité*, car nous n'avons pas même conscience de notre corps, mais d'un moi uni à un corps ; nous n'avons non plus conscience ni des phenomènes psychiques, ni de la nature, ni de Dieu.

**24** — La methode de la psychologie admet encore des *procédés objectifs*, ce sont les langues, l'histoire, l'expérimentation et la psychologie comparée

**25.** — L'habile choix des *mots*, leur composition ou dérivation, revelent en nos ancêtres une connaissance profonde de l'âme, comme le prouvent les mots conscience, perception, conception, memoire, raisonnement, libre arbitre, etc

**26** — Ensuite l'*histoire* politique et celle de la civilisation nous presentent, dans des personnages reels et dans la longue suite des siecles, les manifestations variees des facultes de l'ame, de là naissent d'abord les faits historiques, ensuite les mœurs, les grandes institutions sociales, les sciences, les beaux-arts

**27** — On peut aussi, mais dans une certaine mesure, *expérimenter* en psychologie, on constate le resultat de ce procédé quand on donne un conseil, quand on prononce un discours, puis dans des essais d'education et aussi dans le traitement de la folie

**28.** — Enfin la *psychologie comparée* nous menera, par une légitime analogie, de l'animal à l'homme L'instinct est en partie psychologique De là naîtront des comparaisons exactes, des vues d'ensemble fort utiles

**29** — L'etude des maladies de l'âme aboutirait également à des conclusions importantes

### III. — Classification des faits psychologiques — Sensibilité le plaisir et la douleur — Sensations, sentiments — Les inclinations, les passions

**30** — Donner une *théorie des facultés* de l'âme, c'est compléter l'observation des faits en les classant et en attribuant chaque classe distincte à une faculte speciale Alors on s'elève par induction des faits à leur cause intime

**31** — On appelle *facultés* de l'âme les pouvoirs par

lesquels l'âme produit les divers faits de la vie spirituelle

**32.** — Autant on distingue de grandes classes de phenomenes psychologiques, autant on admet de facultes
Or, on constate 1º les faits sensibles ils sont agreables
ou desagreables, subjectifs, c'est-à-dire bornés au sujet
qui les eprouve, variables, independants de notre volonté,
expressifs, 2º les faits intellectuels ils sont vrais ou faux,
objectifs, impersonnels, 3º les faits volontaires ils sont
libres et personnels

**33** — Cette classification etant complète, distincte et
irreductible, on reconnaît trois facultes, la sensibilite
l'intelligence et la volonte Malgre l'existence de ces
facultes, l'âme est essentiellement une

**34** — La *sensibilité* est le pouvoir que possède l'âme
d'eprouver du plaisir ou de la douleur, au physique ou au
moral

**35.** — Les phenomenes sensibles sont ou des emotions,
etats affectifs encore vagues, ou des sensations, ou des
sentiments, ou des mouvements passionnes Ils supposent
les uns et les autres des inclinations inherentes à notre
nature

**36.** — Le fond de la sensibilite, c'est de persévérer dans
l'être et de tendre au mieux-être, c'est-à-dire au plaisir.

**37.** — Le *plaisir* est l'etat affectif qui resulte de la
satisfaction de nos inclinations naturelles ou acquises
La *douleur* en est le contraire

**38.** — Le plaisir exige une différence, une sorte de
contraste par rapport aux etats anterieurs, mais cette
difference ne doit pas aller jusqu'à une rupture d'equilibre trop de plaisir lasse

**39** — Le plaisir et la douleur servent d'avertissement
à l'intelligence et d'excitation à la volonte.

**40** — La *sensation* est l'etat agreable ou desagreable
de notre âme, quand elle a ete affectee par l'impression des
objets exterieurs ou par l'action mutuelle des parties de

notre corps. De là les sensations externes, puis celles qui sont internes.

**41** — Trois circonstances physiologiques preparent l'avénement d'une sensation, à savoir trois impressions 1° organique, 2° nerveuse, 3° cerebrale

**42** — Les sensations externes ou des cinq sens admettent plusieurs divisions, mais on a remarqué que des causes differentes produisent la même sensation dans le meme sens, la distinction des sensations serait donc, en partie au moins, subjective

**43.** — Si l'etat affectif provient de pensees, de souvenirs, de causes purement morales, c'est un *sentiment*, comme la joie ou la peine qu'on eprouve à la suite d'une bonne ou d'une mauvaise action

**44** — Le sentiment a quantite et qualite Dans le premier cas, son degre superieur est la passion insatiable et violente dans le second, il admet autant d'especes que nous avons d'inclinations

**45** — Les *inclinations* sont des predispositions innees ou acquises, dont l'action est constante et souvent inaperçue

**46** — Les inclinations ont d'abord pour but la vie et la conservation du corps nourriture, repos, mouvement, reproduction D'autres ont pour objet notre supériorite individuelle, notre amour-propre, notre libre action

**47.** — D'autres encore, malgré Hobbes et La Rochefoucauld, sont altruistes et desinteressees Alors il y a sympathie et projection de notre moi un moi se substitue à un autre De là les affections philanthropiques, l'esprit de tolerance, l'amour de la patrie

**48.** — Plus etroites et plus intimes sont les affections domestiques des parents, des enfants, des frères et des sœurs Elles exigent à un certain degre l'amour ou l'amitie, mais ces deux dernieres inclinations se manifestent aussi en dehors de la famille.

**49.** — Les inclinations metaphysiques supposent l'exercice de la raison, elles produisent les sentiments relatifs au bien, au vrai, au beau et à Dieu

**50.** — Dans le sens large, la *passion* est tout phénomène de tristesse ou de joie Dans le sens étroit, la passion résulte d'une inclination violente et pervertie L'imagination l'exalte, aussi n'est-elle pas naturelle, mais acquise, elle vient de l'abandon de notre libre arbitre

**51.** — La passion admet des degrés et des espèces On distingue autant de passions que d'inclinations L habitude use la passion et en fait un besoin

**IV — Intelligence . acquisition, conservation, élaboration de la connaissance — Les données de l'expérience et l'activité de l'esprit — Les sens et la conscience**

**52.** — L'*intelligence* est la faculté de connaître et de comprendre par elle nous avons des idées, des souvenirs, nous jugeons et raisonnons , par elle nous connaissons le présent, nous nous rappelons le passé et nous devinons ou concluons l'avenir

**53** — Les choses sont, puis nous les connaissons Dès lors, connaître exige la double action et la synthèse des *données* de l experience et de *l activité* de l esprit L intelligence saisit dans les objets ce qui est intellectuel les formes, les propriétés, les rapports, etc ( )

**54** — Dans l'exercice de la conscience le sujet et l'objet sont identiques (20-23) Les *données* actives de la conscience sont 1⁰ La notion de substance de notre moi , 2 celle de notre causalité efficiente, si manifeste dans la resolution et la passion , 3' celle de notre causalité finale

**55.** — Les *données* purement intellectuelles de la cons cience sont celles de l'unité de notre moi, de sa simplicité, identité et durée

(*) Voir n⁰⁵ 66 et 67.

**56** — Les donnees des *cinq sens* sont les diverses notions qui resultent de la réaction de l'âme à la suite de la sensation  Elles sont plus qu'un choc nerveux. Les notions élémentaires sensibles sont l'odeur, la saveur, le son, la couleur ou la surface colorée, le chaud et le froid, l'attouchement, d'où proviennent l'etendue à trois dimensions et la notion de resistance du non-moi

**57.** — Le rôle primitif de chaque sens doit être distingue de son rôle actuel, car nos idées se superposent et se combinent rapidement

**58** — L'acquisition des importantes notions de l'etendue et de la durée est expliquée differemment par les empiristes et par les nativistes Les premiers (Bain, Spencer) pretendent qu'on les acquiert successivement, lentement, à la suite de sensations musculaires et tactiles  Les seconds (Kant et Maine de Biran) les regardent comme des donnees premieres, irreductibles et innees. Toutefois la notion de duree exige certainement l'exercice du sens intime et de la memoire

**59.** — Les sens ne nous trompent pas, car ils ne jugent pas , c'est à nous de bien interpreter leurs informations Mais ils ne nous donnent que l'apparence extérieure des objets, et en outre on peut constater qu'il n'existe aucun rapport entre les proprietes des objets et les idees que nous nous en formons, entre la blancheur et la notion de blanc (Voir n° 159 )

### V. — La mémoire. — L'association — L'imagination

**60.** — La *mémoire* conserve et rappelle les faits psychologiques antérieurs , elle a pour objet propre un état de l'âme, soit sensible, soit cognitif, soit volitif Elle produit la reminiscence et le souvenir.

**61.** — Malgre l'apparence contraire, il n'y a que difference de degré, mais non de nature, entre le fait psychologique antérieur et le souvenir. Un *souvenir* est donc la connaissance du présent accompagnée de la croyance du passé

L'aptitude à se souvenir a pour origine une habitude à la fois psychologique et physiologique Aussi faut-il l'exercer pour que la mémoire devienne tenace, fidèle et prompte

**62** — La mémoire est essentielle a la vie intellectuelle, elle contribue à faire naître les idées de durée, d'identité et de responsabilité du sujet pensant et moral

**63** — L'*association* des idées consiste en ce qu'une pensée et même tout fait de conscience en suggèrent, en appellent un autre Les faits de l'âme sont comme contigus de là une habitude, une prédisposition à les repenser dans le même ordre

Cet ordre de nos idées provient de rapports ou contingents ou nécessaires et logiques

Spontanée ou réflechie, l'association des idées fait l'unité de la vie spirituelle, facilite l'exercice de la mémoire et devient le principe d'habitudes intellectuelles

**64** — *Imaginer*, c'est se représenter et reproduire mentalement la forme, la grandeur, l'apparence colorée d'un ou de plusieurs objets

Dans son rôle actif, l'imagination est d'abord destructive et elle brise les moules de la réalité, puis elle est constructive elle forme des ensembles d'idées sans objet immédiatement réel, elle crée elle-même son objet d'après l'idéal auquel la raison donne un caractère de perfection infinie Elle subit aussi l'influence du sentiment esthétique.

L'imagination donne une forme non seulement aux objets sensibles, mais à tous nos états psychologiques ainsi qu'aux conceptions abstraites et métaphysiques

**65.** — L'imagination se manifeste dans les jeux de l'enfance, dans le langage, les inventions diverses, les belles-lettres, mais elle réalise surtout l'idéal dans les beaux-arts. Elle nous rend heureux ou malheureux, elle a ses dangers, car elle produit la rêverie, l'ambition démesurée, l'extase, la folie

**VI — L'abstraction et la généralisation — Le juge-
ment et le raisonnement — Principes directeurs de
la connaissance — Peut-on les expliquer par l'expérience, l'association ou l'hérédité ?**

**66** — Notre esprit n'est pas comme une *table rase* qui reçoit des empreintes  Il est actif, et cette *activité de l'esprit* a pour effet l appréhension, la synthese, et surtout l'élaboration des *données de l'expérience,* soit celles des cinq sens, soit celles de l'i conscience

**67** — L'*attention* est aussi une importante manifestation de l'application de l'esprit  Elle ne merite ce nom que quand elle est volontaire  On l'appelle observation, reflexion, meditation, suivant son objet  L'attention joue un rôle important dans l'exercice de toutes les facultés intellectuelles , elle est indispensable à leur complet dévelop pement

**68** — L'*élaboration* intellectuelle est ce travail incons cient de l'esprit qui, par l'abstraction, la comparaison et la géneralisation, produit des idees d'idées

L'*abstraction* consiste à considérer separement les parties et les qualités des êtres et des choses , elle modifie l idée concrete primitive  Quand je constate isolement dans un monument sa hauteur, sa forme, son antiquite , dans l'étendue, la largeur, la longueur , puis, dans la ligne, le point, je fais des abstractions  L'abstraction admet des degrés  elle n'est pénible que si nous l appliquons à des objets peu familiers

**69.** — Possesseur de quelques idées abstraites relatives à plusieurs objets, l'esprit etablit des rapports et fait des *comparaisons.* De là viennent les comparatifs, les juge-ments, les metaphores, les paralleles,

La comparaison exige que l'esprit connaisse au moins deux objets à la fois

**70** — *Généraliser*, c'est etendre des rapports et des ressemblances à tout un genre d'êtres ou d'idées  On obtient ainsi des idées dites generales dont l esprit est créateur, car dans la nature on ne voit que des individus  Sont générales les notions de polygone, de vertu, d'être, d'homme, de chene, de plante, etc

**71** — L'idee generale rend  possible le jugement et le savoir scientifique  Le langage nous procure une foule d'idees generales toutes faites  L'*extension* des idees générales s'entend des êtres  auxquels elles s'appliquent, leur *compréhension* est l'ensemble des ressemblances réunies

**72** — L'origine et l'objectivite des idees generales ont donne lieu aux solutions 1° nominaliste, 2° conceptualiste, 3° realiste  On peut admettre que les noms communs ne sont pas seulement des sons, mais qu'ils correspondent 1° à des conceptions et idées de notre esprit, 2° a des espèces et à des genres naturels et reels  Platon a enseigné que ces genres réalisaient dans l'univers les idees divines et créatrices

**73** — Juger, c'est affirmer un rapport entre plusieurs notions liees par le mot est  Le *jugement* est donc l operation par laquelle, certaines idees étant acquises, conservees, comparées ou associees, l'esprit les unit en une seule et même pensee  L'*évidence* objective est la cause ordinaire de l'affirmation , or, il y a evidence quand une notion n'est pas contredite

**74** — Les jugements sont attributifs et comparatifs, on y distingue trois parties, le sujet, le verbe et l'attribut , elles varient selon qu'on se place au point de vue de la quantité, de la qualité, de la relation et de la modalité. En outre, les jugements sont analytiques ou synthétiques, contingents ou nécessaires.

**75.** — Le *raisonnement* est l'opération par laquelle l'esprit associe des jugements pour en tirer un autre jugement appele conclusion, Cet acte d'union s'opère par les mots or, donc, car, etc , et il constitué la forme du raisonnement Le raisonnement est l'instrument d'un progrès indefini. L'induction part de jugements individuels ou particuliers pour s'elever à des jugements géneraux appelés lois ou principes La deduction fait, au contraire, passer la confiance de l'esprit d'un jugement general à un jugement individuel ou particulier

**76** — L'exercice de notre intelligence n'aboutit pas à une multiplicite confuse d'idees certaines verites superieures president à cet exercice , ce sont les donnees de la raison. La *raison* est la faculte intellectuelle qui nous fait concevoir l'infini, l'absolu, le necessaire et les principes universels

**77.** L'*infini* est ce qui, par essence, n'a pas de limites , l'*absolu* est ce qui subsiste par soi-meme et n admet pas de degré , le *nécessaire* est ce qui ne peut pas ne pas être Les principales idees, soit sensibles, soit psychologiques, que la raison marque de ce triple caractere sont les idees de cause, de temps, d'espace, de beau, de bien, d existence L'antecedent chronologique de l'infini est le fini, et l'antécedent logique du fini est l infini L'infini et le necessaire apparaissent dans les jugements sous forme d'axiomes, et dans les raisonnements sous forme de conclusions démonstratives

**78.** — Les *principes directeurs* de la connaissance sont des vérites fondamentales, universelles et necessaires, qui se ramenent toutes au principe d identité A = A, et au principe de raison suffisante tout ce qui est a sa raison d'être A l'un ou à l'autre on rattache les principes de contradiction, de substance, de causalite, de finalite, de merite, etc

**79** — L'origine et l'objectivite des principes directeurs de la connaissance ont donné lieu d'abord a la solution idealiste de l'*innéité*, presentee sous diverses formes par Platon, Aristote, Descartes, Malebranche, Leibniz, Kant, puis à la solution du *sensualisme* ancien professé par Démocrite, Epicure, Lucrèce, Gassendi, Locké, Condillac, ensuite à la solution associationiste de Hume et de Stuart Mill, enfin à celle de l'hérédité par filiation séculaire, soutenue par H. Spencer, Lewes, Murphy

**80.** — Le *sensualisme* a pour formule *Nihil est in intellectu quod non prius fuerit in sensu* Les *associationistes* pretendent que les principes directeurs viennent d'une habitude intellectuelle contractée par chacun de nous dès notre enfance, enfin, dans la solution de l'*hérédité*, on enseigne que ces principes directeurs sont un instinct mental legué par les ancêtres

**81** — Sans méconnaitre la grande importance de l'expérience sensible, les partisans de l'innéité répondent à ces diverses théories, 1º qu'il faut d'abord bien definir l'infini, le necessaire, l'absolu, l'universel, la substance, la cause, le bien obligatoire, puis 2º que l esprit n'est point passif dans la production de ces concepts, 3º que l'experience, même ancestrale, reste impuissante à expliquer soit la necessite, soit l'universalite des principes directeurs

### VII — La volonté  – Instinct, liberté, habitude

**82.** – L'*activité* est cet attribut essentiel de notre âme qui produit tous les phenomènes psychologiques La *passivité* consiste à subir une action sans pouvoir reagir. L'*inertie* est l'indifference au repos et au mouvement

**83** — Notre activité admet trois degrés, l instinct, la liberte, l'habitude L'*instinct* est dans l'homme, et surtout dans l'animal, une activité peu consciente, un art naturel, inné et variable selon les especes Il n'est pas purement physiologique.

**84** — La *volonté* est la faculte de se decider librement. Elle *libre*, c'est elle cause initiale et intelligente, c'est disposer de soi. L homme alors se possède et se dirige lui-

même, il conçoit l'acte futur et il lui donne son assentiment eclaire La liberté de la résolution est en raison di-
recte des lumieres de l'intelligence et en raison inverse de
la violence de la passion.

**85.** — La meilleure preuve du libre arbitre consiste en
ce qu'à tout instant on en fait l'expérience intime Toujours
nous sentons que nous aurions pu prendre une resolution
opposee ou nous abstenir L'homme a aussi l'idée très
nette de son autonomie, et il a, en outre, l'idée de la fata-
lite Or, les contraires ne peuvent être conçus comme tels
l'un sans l'autre De plus la notion du devoir exige que
nous puissions librement l'accomplir, car « la vertu n'est
pas un produit comme le sucre et l'alcool, » et la peine
est plus qu'un coup utile.

**86** — Le *fatalisme* nie la liberte de notre activite réflechie Il s'appelle *déterminisme* quand, se fondant sur les
principes de raison suffisante et de continuite, on soutient
qu'une résolution libre serait un effet sans cause et que,
d'ailleurs, le motif le plus fort l'emportant toujours, il
est donc necessitant On repond d'abord que notre activite volontaire est une cause suffisante de la resolution,
et que c'est nous qui, par notre assentiment éclaire, donnons son influence au motif le plus fort

**87** — Le fatalisme religieux, chretien ou mahometan,
regarde comme inconciliables d'une part notre libre arbitre,
d'autre part la puissance et la prescience de Dieu Mais on
répond que Dieu a pu nous creer libres, quoique depen-
dants, et que la science divine connaît nos actes sans
les determiner

**88** — L'*habitude* est une prédisposition acquise à la
suite de l'action d'une cause soit externe, telle que le
climat, soit interne, telle qu'une première résolution En
elle-même elle est un principe d'inertie et de stabilité,
mais elle produit la facilité et la rapidite d'action, elle
cree des besoins Elle affaiblit la sensation, mais rend
plus vif le sentiment

## VIII. — L'expression des faits psychologiques : les signes et le langage. — Le beau et l'art

**89.** — Un *signe* est tout ce qui rend sensibles et faciles à connaître les choses absentes ou inaccessibles à nos sens Ces choses sont des faits, des êtres ou des pensees — Notre âme n'est pas un monde fermé, car l'homme a le pouvoir d'exprimer les phénomènes psychologiques par des signes dont l'ensemble si riche et si varié constitue le *langage* Le langage est ou naturel et comprend les cris et les gestes, ou artificiel, c'est-à-dire successivement créé par le genie et l'art de l'homme, l'un est synthetique, l'autre analytique Le second renferme le langage parlé avec sons articulés, timbrés, tonifiés, puis le langage ecrit, soit ideographique, soit phonetique ou syllabique, et enfin le langage d action

**90** — Sur l'*origine de la parole*, quatre solutions ont éte présentées il serait 1° une révélation surnaturelle, de Bonald, 2° une revélation, une inspiration naturelle, Max Muller, 3° une invention et une convention humaine, expresse et positive, 4° une elaboration inconsciente, involontaire et successive du langage naturel et inarticule, cette derniere solution est la meilleure

**91** — Les *rapports de la pensée et de la parole* consistent essentiellement en ce que la pensee est cause et la parole effet, mais reciproquement la parole est cause du developpement de la pensee Les mots correspondent aux idées isolées, les noms communs aux idées génerales, sans des mots la mémoire serait plus oublicuse Le jugement s'exprime en propositions, le raisonnement en démonstrations et arguments, l'absence de mots le rendrait presque impossible En outre notre âme tout entiere apparaît dans une œuvre litteraire, car le style, c est l'homme Enfin tout langage est une condition indis pensable de la vie sociale, de plus le genie d'un peuple peut être en partie connu par le genie de sa langue, et le progrès d'une civilisation par le degré de développement d'un idiome

**92.** — Les principaux caractères d'une *langue bien faite* sont la richesse, la précision, la clarté, l'analogie des sens divers. La *grammaire générale* est la science des éléments et des lois de tout langage. Ces éléments essentiels sont le nom, l'adjectif et le verbe être. Les lois les plus générales du langage sont les différentes conditions ou règles auxquelles il est soumis pour la création des mots, pour leur formation, leur flexion, leur combinaison et leur union syntaxique.

**93** — L'*Esthétique* est la science du beau. Il est plus facile de sentir que de définir le beau. Néanmoins on peut admettre qu'en général le *beau* est la manifestation éclatante, une et variée, du principe qui est l'âme et l'essence des choses

**94** — Le beau est ou *idéal*, c'est-à-dire conçu par la raison, ou naturel, ou artificiel. Le *sublime* est le beau, mais avec moins de régularité dans la forme et de mesure dans les effets. L'art classique préfère le beau, l'art romantique recherche plutôt le sublime

**95** — L'*art* est l'ensemble des procédés qu'on emploie pour produire des œuvres belles en symbolisant l'idéal et en idéalisant le réel. L'art doit imiter la nature, mais il doit aussi l'embellir et la glorifier.

## IX — Les rapports du physique et du moral. — Notions très sommaires de psychologie comparée, l homme et l'animal

**96.** — Les *rapports du physique et du moral* sont des rapports d influence efficace et de sympathie mutuelles. La conscience est comme un miroir du corps. Nos qualités morales dépendent de l'âge, du sexe, du tempérament, du climat, de l'hérédité, de la santé, la pensée varie suivant

l'etat du cerveau, Réciproquement les passions, l'imagination, la volonté exercent leur action sur l'organisme

**97** — Comme cas remarquables des rapports du
physique et du moral, on doit signaler 1° le *sommeil* ou
repos périodique de nos organes avec suspénsion de la vie
psychologique, 2° les *rêves* soit affectifs, soit intuitifs,
soit intellectuels, 3° le *somnambulisme* ou rêve en action,
avec motricite, double mémoire et sélection des impressions sensibles, 4° l'*hallucination*, illusion toute subjective
des sens et de l'imagination, 5° enfin la *folie*, désordre
partiel ou general des facultés psychologiques

**98.** — La *psychologie comparee* est l'étude de l'esprit
humain, fondée sur des comparaisons et analogies avec
l'âme des bêtes Les animaux ne sont pas des automates
Ils ne sont pas non plus endormis ou somnambules, ou
hallucinés, ou insenses Mais ils ont à peu pres les mêmes
opérations sensitives que l'homme, leur sensibilite morale
est fort limitée, leur memoire très oublieuse, ils n'ont
pas la perception expresse du rapport, leur conscience est
obscure, leur langage n'est pas clairement intentionnel.
L'*instinct* est la volonte directrice de l'animal, il n'est
pas libre, c'est une impulsion naturelle, innee, avec faible
conscience, et perfection presque immédiate L'*âme des
bêtes* est immatérielle, mais elle n'est pas spirituelle.

# LOGIQUE

**I. — Logique formelle — Des termes. — Des proposi-
tions. — Des différentes formes du raisonnement**

**99** — La *logique* est la science des lois de l'intelligence
humaine et l'art d arriver au vrai Comme science, elle ne
s'occupe que de la *forme* de la pensée, c'est-à-dire des
rapports qui unissent les termes et les propositions
Comme art, elle varie suivant la matiere et l'objet à étu-

diei , elle est alois une méthodologie, une logique appliquée.

**100** — Les *termes* sont les mots qui expiiment nos
idées, soit concretes ou abstraites, soit individuelles ou
particulieres, ou generales Les *propositions* sont l'expression de nos jugements On y distingue tiois termes, le
sujet, le verbe et l'attribut, termes qui sont incomplexes
ou complexes De plus les piopositions sont soit geneiales,
affirmatives ou negatives A, E , soit pai liculieres, affi
matives ou negatives I, O On peut convertii ces propositions, c'est-à-dire en transposer les teimes

**101** — Les *différentes formes de raisonnement* sont
l'induction et la deduction , à la première se rattache le
raisonnement par analogie (119), à la seconde la démonstration (110) *Induire*, c'est s'élevei d'une obseivation li-
mitee ou d'une vérité particulieie à une loi geuérale .
quelques A sont B, donc tout A est B Dans la *déduction*,
au contraire, on part d'un piincipe plus ou moins géneral
et on l'applique à un cas particulier comme dans celte foi-
mule tout A est B, donc quelque A est B Les donnees ou
premisses de la deduction sont continngentes ou nécessaires

**102** — La *syllogistique* est la science du iaisonnement
déductif Le *syllogisme* est la foime exacte, l'expression
complete d'un iaisonnement déductif tout ce qu atteste
le sens intime est, vrai , oi le sens intime atteste que
nous sommes libres, donc il est viai que nous sommes libres On distingue tiois teimes dans tout syllogisme le
majeur, le mineui et le moyen , ils sont iéparlis dans
trois propositions, appelées majeuie, mineure, conclusion.
Chacune peut varier en quantite et en qualité Il n'y a
que dix-neuf modes ou especes de syllogismes conformes
aux regles , ils sont répartis en quatre figures, caracté-
risées chacune par la place du moyen

**103** — Les philosophes scolastiques donnaient huit
règles généiales du syllogisme , les tiois principales sont
qu'il ne doit rentermer que trois termes, que leur sens

doit rester le même et que le moyen doit être pris au moins une fois dans toute son extension En outre, d'après le principe de contenance, la majeure doit contenir la conclusion et la mineure le faire voir

**104** — Ce qui precéde se rapporte aux syllogismes dont la majeure est enonciative et assertorique , mais si elle est hypothétique ou disjonctive, alors on obtient les modes I hypothetiques 1° si A est, B est , or A est, donc B est , 2° si A est, B est , or B n'est pas, donc A n'est pas , II disjonctifs la paix perpetuelle est ou une exigence de la raison ou une chimere , or elle est une chimère, donc elle n'est pas une exigence de la raison. Enfin le syllogisme se presente encore sous les formes assez usitees de l'enthymême une des premisses est alors sous-entendue de l epichereme les prémisses sont expliquees , du sorite A = B , B = C , C = D, donc A = D , du dilemme le géneral dit à la sentinelle qui a laisse penétrei l'ennemi tu etais à ton poste ou tu n'y etais pas , si tu y étais, tu as trahi , si tu n'y etais pas, tu as manque à ton devoii , dans les deux cas tu mérites la mort , du prosyllogisme ou suite de syllogismes , et de l'exemple à fortiori, ou à pari, ou à contrario

## II — Logique appliquée — Méthode des sciences exactes · axiomes, définitions — Démonstration

**105** — La *logique appliquée* est l'ensemble des procédes de la méthode, variables selon qu ils s'appliquent aux sciences ou exactes, ou physiques et naturelles, ou morales

**106** — Une *méthode* est la voie la plus courte qui nous mène à la science , elle doit être simple et bien choisie Elle sert à decouvrir, puis à enseigner ce qu'on a découvert Les deux procédes généraux de toute méthode sont *l'analyse* et la *synthèse* dans le pr mier cas, on divise les parties d'un tout, on sépare les éléments du concret, on transforme les données d'un probleme , dans le second cas, on recompose le tout, on voit les choses d'ensemble, on combine les élements, on donne l'unité à la science  L'analyse doit être complète et bien graduée, la synthèse exacte et naturelle

**107**  — La *méthode des sciences exactes* a pour procédés les axiomes, les définitions et la demonstration  Les *axiomes* sont des principes communs à toutes les démonstrations , ils en garantissent la rigueur , ils sont universels et nécessaires  Tels sont les principes d'identité *Quidquid est, est* , de contradiction  une même chose ne peut pas être elle même et son contraire, dans le même temps et sous le même rapport , deux quantités egales, augmentees ou diminuees de la même quantité, restent egales, etc

**108** — La *définition* est une proposition speciale indiquant l'essence et la nature propre d'un être ou d'une idee  On doit alors rattacher ce qui est à définir à l'idée génerale la plus voisine, puis énoncer sa particularite distinctive  Les définitions sont ou de chose ou de mot , mais il est plus important d'admettre qu'une definition est ou rationnelle et geométrique, ou empirique et progressive  Une bonne définition est claire, courte, entière, propre, exacte et reciproque

**109** — Les *définitions* des mathématiques sont rationnelles , elles leur donnent leur objet et leur matière, elles en sont les principes propres  Exemple  la sphère est un solide engendré par la révolution d'un demi cercle autour de son diametre

**110** — La *démonstration* est une deduction en matière nécessaire  Elle est ou analytique et régressive  pour l'invention des theorèmes et la solution des problemes , ou synthétique et descendante pour l'exposition des vérités trouvees  Ainsi on demontre que l'aire d'un triangle est égale au produit de sa base par la moitie de sa hauteur en s'appuyant 1° Sur ce que le triangle est la moitié d'un parallelogramme ayant même base et même hauteur , et 2° sur ce que l'aire d'un parallélogramme a pour mesure le produit de sa base et de sa hauteur En mathématiques, on fait encore usage de postulats, de lemmes, de corollaires et de la reduction à l'absurde.

**III — Méthode des sciences physiques et naturelles· observation, expérimentation ; hypothèse, induction , classification, analogie, définitions empiriques**

**111** — Les *sciences physiques* sont l'étude raisonnée du monde extérieur, dans le but de réduire à l'unité et à la constance de lois générales les phénomènes multiplés et variables. On va ainsi des phénomènes déterminés aux phénomenes déterminants

**112.** — L'*observation* est l'étude attentive des faits pour savoir la manière dont ils s'accomplissent, ou dès êtres pour connaître leur nature. L'art d'observer, de regarder avec intelligence est peu commun, car tous les faits n'ont pas la même importance. Les sens ont besoin d'être aidés ou fortifiés d instruments L'observation doit être analytique, patiente et précise

**113** — On recourra à l'*expérimentation* si les phénomènes sont fugitifs, peu fréquents, difficiles à observer. Alors on en préparera l'apparition et la longue durée , l'invention de machines sera nécessaire Il faut savoir étendre, varier et renverser par la synthèse ce procédé scientifique , il est toujours difficile et parfois impossible de l'employer

**114** — L'*hypothèse* est une supposition admise sans preuves suffisantes , mais ses prévisions sont necéssaires aux progrès de la science , elle est comme le pressentiment du génie Elle est souvent spéciale à une classe de faits, mais elle doit tendre à devenir de plus en plus générale, On distingue aussi l'hypothèse de loi et celle de cause Elle doit être contrôlee et vérifiee

**115.** — L'*induction* a plus de valeur scientifique, mais moins de charme et d'intérêt que l'hypothèse Elle est la conclusion de la méthode expéiimentale Elle étend à tous les temps, à tous les lieux et à tous les êtres d'un même genre les résultats bornés de notre expérience Admettie que le froid congèle et que la chaleur fait entrer en ébullition tous les liquides, c'est induire Pour y ariiver, on élimine l accidentel et l'on s'efforce de saisir la loi dans un ensemble de faits ou même dans un seul fait

**116** — La part de la raison dans l'induction est triple 1ᵉ on ne sort pas du meme genre, on s'appuie donc sur le principe d'identile , 2° on admet implicitement que les mêmes causes produisent les mêmes effets , 3ᵉ on généralise de nombreuses coincidences dans la production d'un seul ou de plusieurs faits

**117** — Pour induire légitimement il importe de multiplier les observations, d'éviter les lois exclusives , d'employer des tableaux comparatifs et de constater la concordance, les differences, les variations des faits

**118** — S'il s'agit d'êtres nombreux comme en *histoire naturelle*, le procéde inductif est la *classification* C'est une division par genres et par especes , elle diffeie profondement de la division qui distingue les parties d'un tout. La classification est ou empirique et usuelle, ou artificielle comme celles de Touinefort et de Linné, ou naturelle comme celle des de Jussieu et de Cuvier Il importe d'y noter tous les caractères dominateurs Flle doit être complète, distincte et irreductible Elle aboutit à des *définitions empiriques* (108)

**119** — L'*analogie* est un raisonnement inductif fort employé en histoire naturelle, en paleontologie surtout, et de plus dans les relations de la vie sociale On y conclut de similitudes observees dans un genre à une similitude non observee dans un autre genre , exemple conclure de l'animal à l'homme, — On s'y fonde sur la ressemblance des fins et des moyens et sur celle des causes et des effets. Les ressemblances doivent être impoitantes et nombreuses

## IV. — De la méthode dans les sciences morales — Le témoignage des hommes  — La méthode historique — Des erreurs et des sophismes

**120**    Les *sciences morales* (Voir n° 4, 2°) sont pour la méthode soit inductives soit deductives Souvent même il y faut faire la part de l'expéiience, puis la part de la deduction, comme il arrive poui la morale, le droit et la politique  Ainsi les piéceptes de la moiale exigent que l'on connaisse l'homme tel qu'il est , mais ils sont aussi des consequences deductives des trois idées de bien obligatoire de mérite et de droit  D'autre part, la psychologie est surtout desciiptive et dès lors inductive  On y applique tous les procédés de la méthode expéiimentale

**121** — L'*histoire* est une science moiale qui exige une méthode inductive spéciale  Elle est constituee par l'ensemble des faits collectifs qui resultent de l'état de societé. Elle est ou nairative ou philosophique  Sa certitude repose sur un ensemble de temoignages et de documents, lesquels doivent tous plus ou moins concorder poui que l'induction soit légitime

**122** — Le *témoignage* est la deposition de celui qui a vu ou entendu , il porte sur des faits ou sur des doctrines  Son autorite est la valeur scientifique qu'il faut lui reconnaitre  Il importe que le témoin soit fidèle, impartial, intelligent et instruit , l unanimité et les divergences des temoins ainsi que la qualité des faits  exigent  une appreciation attentive

**123** — Quand les témoins sont morts, on arrive à la certitude morale de l'histoire en se défiant des traditions orales,  en interpietant les monuments (inscriptions, palais, temples, etc ), en comparant les divers récits des historiens et en appréciant dans chaque auteur, d'après des preuves externes et internes, la vraisemblance des faits, l'authenticité et l'intégrité des œuvres, l'honnêteté, l'impartialité et les lumières du narrateur.

**124** — L'*erreur* consiste en un manque de conformité entre l'idée et l'objet Elle est inconsciente et involontaire, car jamais on ne veut se tromper Mais elle est volontaire en ce que nous pourrions toujours faire attention et douter Les *causes de l'erreur* sont ou dans la difficulté de l'objet à connaître, ou dans un mauvais emploi du raisonnement et dans certaines dispositions de notre cœur Les *remèdes* de l'erreur consistent à faire disparaître ces causes diverses

**125** — Le *sophisme* est une erreur logique ou de raisonnement , on la commet en violant les lois soit de l'analogie, soit de l'induction, soit de la déduction, comme il arrive dans les sophismes de la fausse évidence (mal voir), de l'induction précipitée, du dénombrement incomplet, de la fausse cause *post hoc* ou *cum hoc, ergo propter hoc),* de l'ignorance du sujet (ne pas traiter la question) de la pétition de principe (s'appuyer sur ce qu'il faudrait démontrer), du cercle vicieux ou double pétition de principe, de l'équivoque sur le sens des mots et de l'amphibologie des propositions

# MORALE

### I — Principes de la morale La conscience — Le bien — Le devoir

**126** — La *morale* est la science de nos devoirs et de nos droits Ses maximes nous prédisposent à la vertu et assurent en partie notre bonheur

La morale est ou purement spéculative et théorique ou particulière et plus pratique

**127** — La faculte qui nous donne les principes de nos mœurs est la *conscience morale* ou science intime du bien et du mal. C'est elle qui, durant toute notre vie, classe en deux categories tous nos actes, les bons et les mauvais; par elle nous aimons le bien, nous nous y sentons obligés sans aucune restriction, nous nous jugeons nous-mêmes meritants ou démeritants

**128** — Le *Bien* est la realisation de toutes les tendances inherentes à un être et qui resultent de sa nature Souvent le plaisir s'ajoute à la satisfaction de nos besoins inferieurs ou superieurs Le bien est physique ou moral, c'est-à-dire fatalement ou librement obtenu, le bien moral se rapporte à l'âme et à ses facultes

**129** — Le *devoir* est le bien moral concu comme obligatoire. On l'appelle aussi l'honnête ou loi morale C'est une conception rationnelle applicable à tous nos actes Il est de plus universel, desintéressé, facile à comprendre et toujours praticable

## II. — Examen des doctrines utilitaires — La responsabilité et la sanction

**130** — Mais, dans *les doctrines utilitaires*, on n'accepte pas le devoir et l'honnête comme loi morale Ainsi Aristippe de Cyrène proposait comme but de nos actions la poursuite du *plaisir* sensible et immediat Puis Epicure enseignait que le souverain bien est la plus grande somme de bien-être avec le moins de douleur possible

**131** — On repond à Aristippe que l'agreable, et à Epicure que l'*utile* ou l'*intérêt* ne sont point porteurs des caractères exigibles à priori de notre loi morale. Celle-ci en effet doit être obligatoire, universelle, claire et toujours praticable, au moins d'intention Or ni l'agreable ou le plaisir, ni l'utile ou le bien-être n'ont ces caractères Nul ne se sent obligé de faire fortune

**132,** — D'autres moralistes tels que Bentham, ont enseigne que le souverain bien était le plus grand intérêt du plus grand nombre Ce principe est plus desintéressé, plus noble que les deux precedents, mais l'*intérêt général* n'est pas plus obligatoire que l'intérêt égoiste, De plus il n'est ni clair, ni facile à obtenir

**133** — Si, comme le veut Stuart-Mill, on exige, pour le plaisir et l'interêt, non pas seulement la quantite, mais la *qualité* et la dignite, alors par cette importante distinction, on deserte la morale de l'interêt et l'on se rallie, comme malgré soi, à une morale supérieure, car c est la raison, mais non le sens, qui decidera de cette qualite

**134** — Enfin Adam Smith, J,-J Rousseau et Jacobi ont pensé que les *sentiments* tels que l'antipathie, la sympathie, l'honneur, la honte, l'estime et le mepris suffisaient pour fixer avec certitude le bien et le mal. D'après eux, le bien serait ce avec quoi nous sympathisons Mais c'est là un indice fort indirect, fort variable du bien . que de fois on aime le mal ! que de fois on s'y attache !

**135,** — Notre vraie loi morale sera donc le devoir, l'honnête, l'impératif catégorique fais ce que dois, advienne que pourra Mais il importe de noter que le devoir n'est que distinct du plaisir et de l'interet, il ne leur est pas opposé — Seul le devoir donnera à notre personne une valeur absolue et des *droits* imprescriptibles Le droit est une puissance morale qui a pour origine notre libre arbitre et notre moralité

**136** — La *vertu* renferme quatre eléments 1° conformite de nos actes au devoir , 2° habitude depuis longtemps contractee, 3° triomphe sur des obstacles, 4° mettre son bonheur dans l'accomplissement d'actes honnêtes La vertu admet des degres et des especes

**137,** — La *responsabilité* consiste en ce qu'un acte peut nous être attribué en lui-même ou dans ses conséquences Elle varie, comme le merite et le démérite, d'après notre instruction, notre préméditation, l'importance du devoir et les difficultes La *sanction* est l'ensemble des peines ou des récompenses meritees par nos actes Elle assure l'execution de la loi morale Elle est ou individuelle et nous atteint dans le corps et dans l'âme, ou sociale, ou judiciaire Mais, ces trois sanctions étant insuffisantes, faillibles et incompletes, on admet encore la sanction d'outre-tombe

**III — Les devoirs — Devoirs envers soi-même . sagesse, courage, tempérance — Devoirs envers nos semblables le droit et la justice; la charité.**

**138** — La morale personnelle renferme les *devoirs de l'homme envers lui même* Ils se ramènent tous au respect de soi-meme et au perfectionnement des trois facultes de l'ame La *sagesse* est la soumission à la raison , elle exige la reflexion et la culture intellectuelle Le *courage* est cette force d âme qui nous fait braver les perils nécessaires, tout en evitant les perils inutiles La *tempérance* est la moderation dans les desirs et la domination sur les passions On ne doit rechercher que la satisfaction des besoins naturels

**139** — Au corps nous devons l'hygiene, la propreté et surtout la conservation Se tuer, c'est renoncer au devoir. Bien que parfois excusable, le *suicide* est plutôt un acte de faiblesse que de courage

**140.** — La morale sociale comprend l'ensemble de nos *devoirs envers nos semblables* Elle a pour base le respect du droit d'autrui et elle nous impose la pratique de la justice et de la charité La *justice* est le respect des egalites naturelles, lesquelles sont les droits à la vie, à la la liberte, à la propriete (142), a la bonne reputation, à la confiance en nos promesses et à la reconnaissance. La justice est obligatoire, absolue, negative, exigible.

**141.** — La *charité* est le remède aux inegalites necessaires. Elle est obligatoire, doublement relative, puis positive et non exigible  Ses degres sont, la bienveillance, la bienfaisance, le devouement.


**IV — Devoirs particuliers envers la famille. — L'éducation — Devoirs envers la patrie; obéissance aux lois — L'éducation des enfants — L'impôt — Le vote — Le service militaire — Dévouement à la patrie.**


**142** — Le droit domestique renferme nos *devoirs envers la famille*  Ce sont des devoirs de justice ou de charite. La famille repose sur trois bases  le mariage, l'education des enfants et la propriete  Le *mariage* est la vie en commun de l'homme et de la femme dans le triple but de s'aimer, de s'aider  et de fonder une famille. La monogamie est moralement superieure à la polygamie, mais elle depend aussi de la richesse nationale  L'*education* des enfants appartient de droit aux  parents  Elle se fonde sur la parente, sur les bienfaits des parents et  sur leur bon exemple  Elle doit être ferme et eclairée  Quant à la *propriéte*, elle a pour origine notre travail moral et personnel (147), elle est necessaire a l'entretien de la famille, elle a pour consequence legitime  la transmission hereditaire.

**143.** — La *patrie* et l'*Etat* reposent sur l'unite des lois et sur un contrat tacite qui unit tous les citoyens en  vue 1° des intérêts communs et 2° de  la defense personnelle. L'Etat se maintient à l'aide d'un gouvernement dont le premier devoir est de respecter le droit que les citoyens ont à la justice. Il doit  aussi veiller à l'honneur national, proteger les faibles, les mineurs et specialement les enfants contre la violence ou la negligence des tuteurs et des parents, surtout pour rendre l'instruction légalement obligatoire.

**144** — Les *devoirs du citoyen* sont le respect des lois et des depositaires de l'autorite, la participation aux charges de l'Etat, l'appui pour l'execution des lois, la contribution à la defense du territoire, le vote impartial et eclaire Ces devoirs se resument dans le *dévouement* a la patrie, notre bienfaitrice

## V — Des rapports de la morale et de l'économie politique. — Le travail, — Le capital — La propriété

**145.** — L'*économie politique* est la science de la richesse telle qu'elle apparaît, se developpe ou diminue chez les peuples Il existe un rapport intime entre les lois de l'economie politique et les principes moraux, car la vraie richesse ne s acquiert que par un travail honnete et patient, elle ne doit être repartie et distribuee que d'apres le droit et la justice, on ne doit la consommer que conformément a la temperance et à la sagesse.

**146** — Pour qu'il y ait *production* d'une richesse utile, il faut que la nature fournisse une matiere premiere, que l'homme la transforme par son *travail* et en s'aidant de ses semblables Dans cette transformation de la matière, le rôle de l'intelligence est considerable et presque desintéresse De plus, le travail doit se fragmenter a l'infini ce n'est pas le laboureur qui fait sa charrue. Ainsi divise, le travail est mieux fait. Enfin, l'*épargne* est aussi un important moyen de production. En effet l'epargne devient le *capital*, lequel alimente les travaux preparatoires pour les grandes entreprises et sert à payer le salaire On distingue le capital fixe et engage, tel que terres et usines, puis le capital circulant comme l'argent et les produits renouveles

**147** — L'epargne a aussi pour consequence la *propriété*, soit mobilière, soit immobiliere Le droit de propriété trouve son origine chronologique dans la première occupation son origine naturelle dans le besoin de conservation et d'extension individuelle, son origine morale dans notre travail honnête et personnel

**148** — La *distribution* de la richesse a lieu par un echange qui se fait lui-même, soit par troc, soit par vente Cette distribution est ou autoritaire, comme dans les rapports du maitre et de l'esclave, ou libre, comme dans le commerce ordinaire

Mais l'homme ne produit que pour *consommer* telle est la raison d'etre de toute production La consommation est ou reproductive, comme quand le cultivateur seme du ble, ou improductive, comme dans le cas d'un naufrage ou de la prodigalite

# MÉTAPHYSIQUE

**I — Eléments de métaphysique — De la valeur objective de la connaissance dogmatisme, scepticisme, idéalisme — De l'existence du monde extérieur**

**149** — La *métaphysique* est la science de l'essence de l'âme, de la matiere et de Dieu , elle est donc la science des premiers principes et des premieres causes Sur toutes choses elle depasse l'apparence sensible et cherche à fixer les attributs et les elements constitutifs des êtres La discussion de la certitude, du scepticisme et de l'idéalisme fait aussi partie de la metaphysique on y détermine la *valeur objective* de la connaissance

**150** — La *certitude* est l'adhesion ferme et complète de l'esprit à ce qu'il croit être la verite. Elle n'admet pas de degres, elle produit en nous le calme et la quietude. Elle est ou immédiate et fondamentale, ou médiate et derivee Dans le piemiei cas, elle naît de l'exercice des cinq sens, de la conscience, de la raison, dans le second, elle est logique ou morale

**151** L'*évidence* des choses ou des idees est le signe distinctif ou le criterium de la certitude legitime On appelle evidence la piopriete qu'ont les choses et les idees de s imposer à notie esprit L'evidence est sans degré, comme la certitude, et, comme elle, elle est immediate ou mediate, avec les mêmes subdivisions, parmi lesquelles on remarque l'evidence morale , celle ci est produite par l'histoire, pai l'eloquence, la philosophie, la conveisation, elle differe des autres évidences par sa puissante action et sa duree vaiiable

**152** — On a pioposé trois autres critéria de la certitude, le sens commun, le consentement unanime et le principe de contiadiction Mais ils sont insuffisants et moins larges que la science humaine

**153** — Au-dessous de la certitude se placent l'opinion et la conjectuie, pioduites, l'une pai la viaisemblance ou probabilite soit mathematique, soit morale, l'autre par la simple possibilité,

**154,** — Le *dogmàtisme* est la doctiine philosophique qui admet que l esprit humain peut arriver à la science. Il ne doit êtie ni intemperant ni autoritaie Il se fonde sur l'appiéciation ciitique de nos trois facultés intellectuelles d'acquisition d'idees les cinq sens, la conscience, la iaison (voii n°° 54, 55, 59, 77, 81, 156, 157), il admet l'évidence comme critérium, il distingue la science de l'opinion, il fixe les règles de la methode et donne les moyens d'eviter le sophisme

**155,** — Le *scepticisme* soutient que l'homme doit rester dans le doute, sans jamais rien affirmer. Pour les sceptiques, il est certain que rien n'est certain Les discussions des sophistes grecs ont préparé le scepticisme de Pyrihon, dont la doctrine a éte formulée pai Ænésidème et pai Sextus Emphicus.

**156** — Le scepticisme peut etre relatif et partiel alois son rôle est fort utile, mais le veritable scepticisme est absolu On y soutient que, tout variant dans le sujet et l'objet de la connaissance jamais l'esprit humain ne depasse l'apparence et ne s'eleve à une vérité toujours subsistante Cette double variabilite doit etre contestée De plus, les sceptiques protestent à tort contre la certitude sous prétexte 1· que notre connaissance est bornée ou erronee , 2 que les cinq sens, les reves et les hallucinations nous trompent , 3° que nos sens et la conscience ne sont pas d'accord avec la raison, d'ou, d'apres eux, des antinomies irréfutables , 4· que la raison ne peut démontrer ses propres piincipes On repond que notie science peut etre bornee sans être nulle, qu'il ne faut exigei de chaque faculté intellectuelle que son iôle piopre, et qu'enfin les piincipes iationnels n'ont pas besoin d'etre demontres (Voir nᵒˢ 54, 55, 59 77 et 81.)

**157** — L'*idéalisme* est la doctrine philosophique qui considèie nos idées iationnelles soit 1° comme fondement de notie science, et en cela l'idéalisme est oppose au sensualisme et au scepticisme , soit 2° comme nous faisant atteindie par la pensee le piincipe et l'origine de l'êtie et de l'essence des choses, et en cela l'idéalisme est oppose au materialisme et à l'athéisme

**158.** — Descartes, par sa théorie des idées innées, Leibniz*, par sa iéponse a Locke, Kant en admettant l'innéité absolue, V. Cousin en ietablissant le caitésianisme, ont piesenté l'idealisme sous sa piemieie forme. Platon, en distinguant le monde sensible du monde intelligible auquel le premier participe, Malebranche, pai sa vision en Dieu, Berkeley en soutenant que la matière n'existe pas, Fichte en n'admettant que la réalité du moi, Hegel en pretendant que l'Absolu, conçu par la raison, est la seule et viaie iealite, ont professé l'idéalisme sous sa seconde foime.

---

* Voir l'analyse de ses Essais sur l'ontendement.

**159** — Bien que des apparences soient seulement atteintes par nos cinq sens, meme pai le *j* toucher qui a cependant mérite d'être appele le sens des iealités, nos sens ne nous trompent pas , nos sensations ont leur cause effective dans le *monde extérieur* , nos idees sensibles expriment exactement le rappoit qui existe entre la matiere et l'elat de nos organes (Voir le n° 59 )

**II — De la nature en général  diverses conceptions sur la matière et sur la vie  — De l'âme  matérialisme et spiritualisme**

**160** — Sur l'*essence de la matière*, la cosmologie iationnelle aboutit a quatie conceptions  d'abord l'atomisme de Democrite  des corpuscules indivisibles se mouvant dans le vide , ensuite le mecanisme de Descaites  la matieie est etenduc et divisible a l'infini , il n'y a pas de vide , puis l'hylozoisme des stoiciens  tout est vivant et anime , Dieu est l'âme du monde  Enfin le monadisme de Leibniz (Voii plus loin *la Monado'ogie* )

**161** — Sur la *vie*, les philosophes ont piésenté les trois explications de l'organicisme, du vitalisme et de l'animisme  1° La vie serait une iesultante, une combinaison spéciale de la matieie , 2° la vie exige  un geime animé , seule la matiere ne pioduit qu'amas et juxtaposition d'éléments , 3° l'âme est productiice non seulement de la vie de la pensee,  mais de la vie animale. Les deux deinieres solutions concordent avec  le spiritualisme

**162** — En quoi consiste la iéalile de *l âme* ? Quelle est sa nature intime ? A ces difficiles questions deux iéponses  celle du spiritualisme, celle du matéiialisme. D'apres les spiituualistes, la distinction piofonde des *faits* psychologiques et des faits physiologiques (Voir n° 15), fait déja piésumer la distinction de l'ame et du coips.

**163.** — Ensuite l'ame est distincte du coips par ses

*attributs* Peut-être, comme l'a pensé Leibnitz dans sa *Monadologie*, les principes de la matiere sont immateriels, mais ils n'en different pas moins profondément de la nature de l'âme  les elements materiels sont des forces, mais des forces capables seulement de mouvement , d'ailleurs elles sont inconscientes et depourvues de raison, de libre arbitre et de personnalité Au contraire l'âme est non seulement une force, mais elle est de plus une cause agissant d'apres la finalité  Elle est un être distinct de tout autre et qui, se connaissant distinctement par lui-même, se distingue immediatement du corps

**164** — L âme est I *immaterielle*, c'est à-dire 1° une et indivisible  les opérations de l'intelligence et de la volonte exigent l unite , 2° identique  l'identite est pour l'ame l unite permanente attestée par la conscience, produite et exigée par là memoire et la responsabilité Au contraire le corps n'est ni un ni identique  L'âme est II *spirituelle,* c est-à dire superieure au corps, vu qu'elle est 1° consciente, 2° raisonnable, 3° libre et personnelle, capable de vice et de vertu — Ainsi l'*âme* est une force une, simple et identique, une substance douée de conscience, de raison et de liberte.

**165** — Le *materialisme* se presente sous deux formules

1° L'ame est une collection de sensations , elle est la serie des faits psychologiques et la trame de ses evénements intimes Mais on répond que percevoir les phenomènes, c'est atteindre leur cause generatrice, leur substance, car l'effet reflète sa cause.

2 Le moi est une fonction des organes et spécialement du cerveau , à la suite de transformations successives, la matiere produit la pensee et la liberté morale  On répond qu'on explique ainsi le plus par le moins, c'est-à-dire la pensee par ce qui n'en est pas doué, le libre arbitre par la nécessité  En outre le cerveau peut bien être la condition actuelle de la pensée, mais, vu sa multipli-

cité et son changement incessant, il n'en peut être la cause efficiente

**166.** — Sur l'*union de l'âme et du corps*, on signale les hypothèses cartésiennes des esprits animaux, des causes occasionnelles et de l harmonie preetablie mais elles nient l'union qu'elles pretendent expliquer Mieux vaut dire que l'âme, repandue dans tout le corps, lui est partout présente et qu'il y a entre le corps et l ame l'action et la réaction mutuelles d'une force consciente et raisonnable sur des forces aveugles, inconscientes et soumises à la nécessité

### III. — Dieu  la Providence — Le problème du mal

**167.** — En métaphysique on se demande encore si l'univers se suffit et s'il n'a pas en dehors de lui une cause supreme et creatrice  Cette question constitue l'application la plus importante du principe de causalité  C est l'objet de la *Théologie rationnelle* ou science de Dieu et de ses attributs  Toutes les *preuves de l'existence de Dieu* sont metaphysiques, car toutes elles supposent une notion rationnelle et se rapportent a un être qu'on ne voit pas Mais, outre les preuves purement metaphysiques, on distingue les preuves physiques et historiques, selon que certaine donnée vient s'ajouter à la notion rationnelle

**168.** — 1° Argument de l'être necessaire  si l'on suppose qu'à un moment quelconque rien n'existe, éternellelement rien ne sera, or quelque chose existe, donc quelque chose a toujours existé, et c'est Dieu.

2' Argument teléologique fonde sur les lois de l'univers et sur la finalite qui apparaît dans la nature  Cette finalité révèle un dessein forme, une intelligence reglée, celle de Dieu. Il faut rejeter la finalite externe ou d'usage et n'admettre que la finalité interne qui se manifeste dans les êtres organises et dans la destinée actuelle ou future des êtres moraux.

3⁰ Argum  du 1ᵉʳ moteur   tout se meut dans l'univers ,
or d'une part la matière ne possede pas la force initiale du
mouvement, car elle est inerte par essence, et d'autre part
tout mouvement necessite un moteur premier, qui est Dieu

**169** — La preuve historique repose sur la valeur de
l'unanimite des peuples a croire en Dieu   c'est un fait
social important, incontestable , c'est une loi de notre
raison

**170** — Les preuves metaphysiques se fondent sur la
presence en notre esprit des idees rationnelles

1ˣ Si Dieu est pensé il faut qu'il soit  En effet les idees
rationnelles s'imposent à notre intelligence , elles sont innees et independantes de la réflexion individuelle et elles
ont, comme toute idee, une valeur objective  Or, quel est
cet objet, cause en nous des idées d'infini et de parfait,
sinon Dieu, être reel et porteur des attributs de l'infinitude
et de la perfection ?

2ˣ Si le monde physique a ses lois, l'ame humaine a la
sienne aussi, elle peut s'y soustraire, mais elle la conçoit
neanmoins comme obligatoire  Le devoir n est pas d'invention humaine, car notre volonte ne peut se lier elle même.
L'imperatif categorique a donc pour origine non seulement
la nature des choses et des etres, non seulement la raison
partout repandue, mais un suprême legislateur qui ordonne
et defend, qui punit et recompense

3⁰ On peut encore avec saint Anselme et Descartes,
remarquer que la perfection implique logiquement l'existence de l'etre parfait

**171** — Les *attributs de Dieu* sont les manieres d'être
que nous concevons en lui  Ils sont metaphysiques ou
moraux et derivent, à titre de conséquences, de l'infinitude
et de la perfection. Les premiers sont l'unite, la simplicite,
l'immutabilite, l'éternite et l'immensite  Les attributs
moraux de Dieu sont une intelligence qui se pense elle-
même et qui connaît le monde sans participer à sa contingence, une volonte absolument libre et créatrice sans

matière coéternelle, une félicité infinie, exempte de désirs et de joies succédant à des peines  Avec la sagesse, la justice et la bonté expansive, ces attributs constituent la Providence

**172**  — La *Providence* est l'action éclairée, efficace et bienfaisante que Dieu exerce sur le monde et sur l homme, par elle il dirige, tant dans l'ordre moral que dans l'ordre physique, tous les êtres vers leur destinée  Cette action s'opère d'une manière générale

**173**  — Mais, a-t-on objecté, Dieu n'est  ni tout puissant, ni juste  ni bon, puisque dans le monde un certain désordre apparaît,  puisque l'homme même innocent est exposé à la douleur physique et morale, puisqu'enfin nous pouvons faillir et mériter  par nos  fautes  un  châtiment inévitable

**174**  — On répond que  le monde et  l'homme sont des créatures  que leur contingence et leur imperfection nous ont précisément portés à conclure l'existence d'un Dieu tout-puissant, leur raison première et dernière  Ce que nous jugeons être désordonné dans  l'univers physique est explicable par des lois d'ensemble qui  nous échappent. Sans doute la douleur physique et morale ne saurait être niée, mais elle est la conséquence de la contingence  En outre la douleur et la peine sont  les conditions de notre valeur intellectuelle et morale  Enfin on accuse Dieu même de nos fautes, de notre faillibilité  c'est lui reprocher de nous avoir faits libres et capables de vertu. Le mérite aurait-il été possible, si le bien  n'avait rien coûté ou si nous n'avions pu faillir? Ne professons donc ni le pessimisme, ni l'indifférentisme, mais un optimisme sage et modéré

**175**  — Mais il importe surtout de décider si Dieu se confond avec l'univers ou s'il en est distinct  Il faut choisir entre le *panthéisme* et le théisme. Les panthéistes prétendent que Dieu est le monde à l'état d'enveloppement et que le monde est Dieu à l'état de développement et de manifestation Mais on objecte aux pantheistes que leur Dieu n'est point parfait, vu qu'il n'est ni un, ni simple, ni immuable, ni providentiel et libre, et que la necessité de sa nature entraine la negation de notre propre personnalité.

### IV — L'immortalité de l'âme — La religion naturelle

**176** — La question relative à notre *destinee future* est double et s'enonce ainsi

1ᶜ La substance de notre ame pourra-t-elle exister encore au dela de la tombe ?

2º Notre personnalité individuelle persistera t elle apres la mort avec conscience, souvenir, et l'*immortalité* peut-elle etre esperée ?

1º L'ame étant spirituelle (163-164) et seulement associee au corps, peut subsister sans lui Le corps lui meme ne peut pas dans ses elements constitutifs, tout dans la nature se conserve sous une forme ou sous une autre, une vie future pour la substance de notre ame est donc non seulement possible, mais conforme à tout ce que nous savons

2º L'ame humaine, vertueuse ou coupable, doit survivre à la désorganisation corporelle, car elle est sujette du devoir Au dela du tombeau notre vertu nous devance Le droit exige imperieusement cette survivance, car aucune des peines et des récompenses actuelles ne suffit à la satisfaction de la justice L'homme de bien est souvent et longtemps malheureux, c est la condition de la vertu Une vertu facile disparaîtrait par le fait, et cependant le droit au bonheur est imprescriptible et oblige Dieu lui-meme dont nous avons démontré la Providence

3º Enfin si l'aspiration de toute notre nature vers le beau, vers le bien et le vrai absolus ne devait pas être satisfaite, si notre âme, une fois parvenue au rang d'esprit conscient, libre et raisonnable, devait déchoir ou être anéantie, l'homme serait un être incomprehensible, contradictoire, indigne de Dieu

**177** — La *religion naturelle* est l'ensemble des croyances et des sentiments qui sont communs à toutes les religions, qui les fondent et qui les justifient Ces sentiments constituent le culte intérieur    la nature et les attributs de Dieu etant tels que nous l'avons indique plus haut, une Providence, au moins generale, étant incontestable, il en resulte que l'homme doit à Dieu l'adoration, l'obéissance et la résignation, la reconnaissance et l'amour

**178** — Les cultes exterieurs varient, les dogmes se transforment peu a peu, mais la religion naturelle lien commun de toutes les theologies, resultat complexe de toutes les facultés de notre ame, subsiste toujours    la religion est immortelle comme la raison, comme la douleur.

# HISTOIRE DE LA PHILOSOPHIE

### ET ANALYSES DES AUTEURS

*L'histoire de la philosophie* a pour objet l'ensemble des principales opinions qui ont ete soutenues sur l'essence des choses materielles, sur l'âme et sur Dieu On doit d'abord examiner ces opinions en elles-mêmes, apprécier leur verite même relative, puis les critiquer en les comparant à d'autres et en indiquant leur origine et leurs conséquences

On distingue *trois époques* 1° Philosophie grecque et latine, de Thales de Milet à l'école d'Alexandrie, 2° philosophie scolastique commençant aux écoles fondees par

Charlemagne jusques et y compris le xvie siècle , 3ᵉ philosophie moderne depuis Bacon et Descartes jusqu'a nos jours

## Philosophie ancienne

**I** — Avant Socrate, l'*école ionienne* agita la question du principe de l'homme rattachee a celle du principe de toutes choses , mais sa methode toute physique et empirique ne lui fit atteindre que les elements constitutifs des choses et non leur principe d'existence Pour Thales (600 ans av J.-C ) l'univers a d'abord ete de l'eau    hypothèse fondee sur le souvenir du deluge, et acceptee en partie par les geologues Pour Anaximêne, la substance universelle a essentiellement la forme et la nature de l'air , mais Anaximandre a pense que c'etait quelque chose de moins determine, une sorte de fluide intermediaire entre l'air et l'eau D'apres Heraclite, tout est mobile et se transforme rapidement ou lentement Et ce changement incessant ressemble a une combustion , donc c'est une substance ignée qui, presidant a cette mobilite, produit et detruit tous les etres individuels La vie de l'univers et des organismes est une harmonie qui n'exclut ni l'opposition ni la guerre , Heraclite a même dit que la guerre etait la mere de toutes choses * Notre ame est une etincelle du feu pur et intelligent qui partout repand l'harmonie et la variete

L'*école atomistique* marque le progrès de l'ecole precedente, d'apres Leucippe les principes de toutes choses sont le vide, les atomes et le mouvement , par la sont expliqués soit les éléments primitifs, soit les phenomenes observes Démocrite admet que l'ame humaine est consti-

---

* Voir notre livre sur la Guerre, ses lois, son influence civilisatrice sa perpétuité  Ouvrage recommandé par M le Ministre de la Guerre — Tourneau, éditeur, 18, passage de la Sorbonne, Paris Prix  3 fr

tuee par des atomes doues naturellement de mouvement et qui sont ignes et ronds Elle reçoit les effluves ou images emanees des objets qui l'entourent , c'est ainsi qu'elle sent et connaît

L'*école italique* fut fondee à Ciotone, dans le Brutium, par Pythagoie de Samos et Timee de Locies (584) Elle donna naissance à un giand nombie d'instituts ou l'on vivait en communaute, iecheichant la science et pratiquant la vertu Suivant ces philosophes, qui furent surtout des mathématiciens, les nombies sont les principes des choses, et en effet on peut exprimei pai des notations numeriques la combinaison des elements constitutifs Dès lors les lois des nombres sont 'es lois de l'univers Dieu est l'unite paifaite, l'etie simple et immobile par essence L'ame humaine est aussi une substance une et simple , elle subit la loi de migiations et d'epieuves successives

*Xénophane* de Colophon (530) et *Paiménide* d'Llee aboutirent au pantheisme , ils conçuient le monde comme un seul êtie, infini, eteinel et immuable la vaiiete, le changement ne sont qu'appaients , pas de vide donc pas de mouvement reel

*Anaxagore* de Clazomene (500) meiite un rang à part Il completa la doctiine d'Héraclite et iegaida le monde comme resultant de combinaisons mécaniques, explication ieproduite pai Descaites Les elements constitutifs de tout sont des homœomeries ou paities similaiies , elles existaient d'abord sous la forme chaotique que fit peu à peu cesser l'influence toute-puissante d'un piemiei piincipe intelligent Le mecanisme d'Anaxagore n'excluait donc pas de l'univers une pensee suprême et directrice

En présence de ces diveises solutions piematurees sui l'âme, sui Dieu et sui la philosophie de la nature, les sophistes Goigias de Leontium (450), Piotagoias d'Abdeie, Hippias d'Elis, Giitias d'Athènes, soutinient qu'elles etaient vraies, mais relativement , tout est viai, disaient-ils, pour qui sait le soutenir, Habiles à parler, les sophistes jouaient sur tout, soit en niant, soit en affirmant, car tout était controverse Giorgias prétend que le nonmoi ne peut être connu dans sa réalité positive et essentielle, vu la différence du sujet et de l'objet, De plus les principes de morale n'ont, dit-il, rien d'absolu

**II.** — *Socrate* (470-400), par un enseignement public et familier, changea profondément la méthode de ses devanciers Il vécut et mourut en apôtre. Il détourna les esprits des jeunes gens des recherches ambitieuses sur l'essence et le principe des choses, pour les attacher à l'étude de l'homme Aux doctrines présentées avant lui il opposait parfois un doute railleur « Ce que je sais le « mieux, disait il, c est que je ne sais rien » Il fondait toute la philosophie sur la connaissance de nous-mêmes, et, par des questions habilement posées, il retrouvait les principes absolus qu'avaient niés les sophistes, car audessus des lois écrites il plaçait une loi non écrite, naturelle et divine Il insistait surtout sur la pratique de cinq vertus la sagesse, le courage, la tempérance, la justice et la piété Il démontrait Dieu par les causes finales, et il enseignait que la cause première de l'univers n'est ni purement physique ni seulement intellectuelle, mais qu'elle est morale et providentielle

Bien que sa conduite offre quelques bizarreries, bien qu'il ait cru s'entretenir avec un démon familier, il est excessif d'admettre qu'il ait été halluciné Sa mort nous présente un beau spectacle, celui d'un sage qui reste calme devant le trépas, celui d'un grand citoyen qui veut obéir aux lois, même quand elles le frappent injustement. (Voir plus loin l'analyse du Ier livre des *Mémoires* de Xénophon )

De l'enseignement de Socrate sortirent d'abord l'*école cynique* (Antisthène et Diogène 340), qui ramenait tous les devoirs de l'homme à suivre la nature et à s'affranchir des besoins créés par la civilisation , puis l'*école cyré-*

*naïque* (Aristippe de Cyrène), qui mit toute la morale dans la recherche du plaisir actuel et immédiat , enfin l'*école pyrrhonienne* (Pyrrhon d'Elis, 290), qui professa le scepticisme absolu

Mais l'enseignement de Socrate donna aussi naissance à des systemes plus complets celui de *Platon* d'Athenes (430-348) et celui d'*Aristote* de Stagvie (384-322) Platon fonda l'Académie. Il soutint contre les sophistes que la science humaine peut depasser les notions sensibles et relatives, en s'elevant, par la dialectique et par une generalisation inductive, aux caractères communs des êtres et des individus nous atteignons ainsi leur essence, leur idee ou idéal, type de perfection qui subsistant dans l'intelligence de Dieu et la constituant, est cause de l'existence de toutes choses Des lors il y a deux mondes et deux realites dans l'univers le monde sensible, variable, changeant, puis le monde intelligible auquel le premier participe et ressemble il en est une copie. Pour Platon, Dieu est le Bien, la Bonté suprême, but final de tous nos desirs et auquel notre volonté tend necessairement Dieu est aussi une Providence qui organise tout en vue du meilleur, mais dont Platon n'admet pas nettement la puissance creatrice Dans notre âme se trouve une partie supérieure et seule immortelle La vertu est la conformite de l'âme aux idées, à l'ideal. La morale platonicienne, trop paradoxale en politique et ne reconnaissant pas assez la liberte individuelle, a pour précepte fondamental la ressemblance à Dieu. — A Platon succeda Speusippe, son neveu.

Resumons ici quelques dialogues de Platon Dans le premier Alcibiade, Socrate explique au neveu de Periclès que l'ambition ne l'autorise pas suffisamment à gouverner l'Etat. Il lui faudrait des connaissances positives sur la politique, sur les intérêts d'Athènes Or, à la suite d'habiles questions, Alcibiade avoue qu'il sait à peine en quoi consistent le juste et l'injuste, base de tout discours · qu'il se connaisse donc lui-même et qu'il acquière d'abord la vertu.

Dans le Gorgias, Socrate demande qu'on lui definisse la rhétorique  Gorgias admet qu'elle est fondee sur la justice  Mais le sophiste Polus n'y voit qu'un moyen de dominer l'Etat et d'acquerir des richesses  Socrate declaie qu'elle n'est alois qu'une routine peinicieuse, fille de la flatteiie  Calliclès suivient et fait entendre à Socrate que la justice n'est qu'une affaiie de convention et qu'il aura sans doute besoin de recouriı à l'eloquence des sophistes pour se defendre quand il sera accusé. Mais Socrate répond qu'il n'y iecourra jamais, caı il aime mieux subir l injustice que de la commettre, et iļ termine en rappelant que l'eloquence ne doit se mettre qu'au service de l'honnêtete

Dans le Phedon la discussion s'engage entre Socrate (dont la mort est proche), Cebès et Simmıas sur l'immortalite de l'âme  la presence en notre âme de la raison et de la moralité reyele en elle une nature superieuie qui nous autoiise à esperer une yie future. D'ailleurs dans l'univeis rien n'est anéanti, tout se tiansfoime  De plus l'âme n'est pas l'ensemble des elements materiels, elle n'est pas une resultante, comme est l haimonie de la lyre , elle est simple, indissoluble , elle commande au corps, elle est principe de vie et souice de l'êtie.

La Republique a pour objet la justice et la constitution d'un Etat ideal  Pour que l'union et l'équite règnent entre les citoyens, Platon pense qu'il importe de veiller à l'education de la jeunesse et surtout des guerriers et des magistrats  L'enseignement doit être simple, direct, pas trop poétique  Il faut aussi abolir la propriete individuelle, car elle oppose les riches aux pauvres  La pauvrete rendra ıes magistrats prudenth et intègres, les guerriers courageux et temperants  D'autre part ce sont les meilleurs qui doivent commander, il faudrait que les princes fussent de bons et viais philosophes, qu'ils fùssent instruits et que, s'arrachant aux apparences sensibles, ils ne ressemblassent plus à des prisonniers qui ne connaîtraient que les ombres et les fantômes qui se reflètent dans le fond d'une caverne

Par cette education, on echappera sûrement aux quatre gouvernements mauvais qui, succédant au gouvernement des meilleurs, s'engendrent par une loi necessaire  ce sont la timocratie fondée sur l'ambition et la rivalite, l'oligarchie ou l'on ne recherche que l'argent, la democratie ou regne la licence et enfin la tyrannie que deshonore la cruauté (Voir plus loin l'analyse du 6e livre)

Aristote fonda le Lycee et fut un rival pour Platon, son maître Sa psychologie n'a point pour objet special l'ame humaine, mais le principe qui produit la vegétation dans la plante, la vie dans l'animal et la pensee dans l'homme en ce dernier seul apparaît l'entendement avec des vérités universelles et l'idee de Dieu En fait, nous avons deux âmes, l'une pour la vie et l'activite personnelle, l'autre pour la pensee, cette derniere seule est immortelle , elle vient de Dieu, y retourne, mais ne constitue pas notre personnalite , notre ame personnelle est perissable Aristote n'a pas nettement reconnu la conscience, mais il a mieux que Platon decrit le libre arbitre

Il a créé la logique, bien qu'elle ne soit guère pour lui que l'art de la deduction , on lui doit la theorie du syllogisme Elle est exposee dans les Analytiques, qui sont la 3e partie de sa logique Ils ont pour objet l'analyse des elements essentiels qui constituent la deduction et la démonstration Les premiers analytiques contiennent les règles generales du syllogisme, des remarques sur la recherche du moyen terme, sur la maniere de retourner les propositions et les termes, l'etude de la conclusion et de certaines varietés du syllogisme Dans les seconds analytiques il est question de la demonstration, de ses eléments et de l'origine des premiers principes

Sa morale est plutôt descriptive que legislatrice , pour

lui, faire passer toutes nos facultés de la puissance à l'acte, les développer complètement et simultanément, arriver au bonheur par la science, tel est son principe Nos deux âmes donnent naissance à deux sortes de vertus 1º les vertus morales, pratiques, actives et personnelles ' temperance, courage, justice, etc , elles sont un juste milieu; 2º au-dessus se place la vertu contemplative, la vertu de la raison, la sagesse et la science, but et prix des vertus pratiques

Il a composé trois traités de morale, dont le plus important est dédie à son fils Nicomaque. Il a pour objet la théorie du bien et du bonheur obtenu par la vertu, la définition de la vertu et des vertus, les unes morales courage, temperance, libéralite, magnanimite, justice, les autres intellectuelles prudence, sagesse et contemplation Puis aux livres 8º et 9º se trouve une étude sur l'amitié, sur les affections sociales et politiques l'amitié, dit-il, est une sorte de vertu, ou du moins elle est toujours escortée de la vertu Elle est un des besoins de la vie, car nul n'accepterait de vivre sans amis Le bien et l'honnête d'abord, le plaisir ensuite, enfin l'interêt sont les trois causes de l'amite, mais celle qu'inspire la vertu est la plus parfaite, la plus solide et la plus rare Pour former des liens si intimes, il faut du temps, de l habitude, un parfait accord de caractère et aussi la vie commune, L'amitie nous rend égaux et elle consiste plutôt à aimer qu'à être aime Mais toutes les amitiés particulières ne sont que des parties de la grande association politique Or on constate trois especes de constitutions la royauté qui souvent degènère en tyrannie égoïste et cruelle, l'aristocratie qui devient oligarchie par la cupidité des chefs, enfin la timocratie ou démocratie qui, par l'abus de la liberte, se transforme en demagogie. — (Voir plus loin l'analyse du 10º livre)

Aristote a aussi fonde la métaphysique ou philosophie première, science de l'être et de l'essence des choses

Comme Platon il reconnait l'entendement et la raison, mais il rejette la doctrine platonicienne de la réminiscence et des Idées Il n'est cependant pas sensualiste Pour l'explication scientifique de tout être, il admet quatre principes ou causes, deux internes, deux externes 1' La matiere inerte et sans attributs, l'être à l'etat de possibilité indéfinie, 2' la forme, c'est-à dire l'essence intime qui donne la forme à la matière, 3° la cause efficiente qui produit le changement par un effort, 4° la cause finale, but et motif du changement — Dieu est pour Aristote le suprême Desirable, seule activité pure, seule energie sans matière, cause première, motrice et immobile. Mais Aristote n'admet pas la Providence, car son Dieu ne connaît pas l'univers, notre monde et nous tendons vers lui comme vers notre fin dernière — Aristote eut pour successeur Théophraste, l'auteur des Caractères.

**III.** — Après Socrate, Platon et Aristote parut l'école épicurienne fondee par *Epicure* d'Athènes (337-270) et Métrodore (260) Epicure enseigna une philosophie pratique dont la morale fut un progrès sur la doctrine d'Aristippe Il divisait son enseignement en trois parties, canonique ou logique, physique, morale En logique, il ne veut qu'un petit nombre de règles, pour lui, la vérite repose sur trois bases, les sensations ou notions particulieres, les anticipations ou propositions generales, puis les passions Comme Democrite, il est sensualiste, il déclare que jamais les sens ne nous trompent, et que l'evidence sensible est le critérium de la certitude Quant aux passions, elles nous indiquent tout ce qu'il faut faire ou éviter. La physique épicurienne est aussi empruntée à Démocrite tout l'univers s'explique par les atomes, le vide et le mouvement. Une aveugle nécessité a produit le monde tel qu'il nous apparaît Les atomes ou elements constitutifs ont forme et solidité, ils sont indivisibles et doues de trois sortes de mouvement dont la principale est le mouvement oscillatoire , mais l'atome peut aussi échapper à la nécessité mecanique par un mouvement de deviation et d'inclinaison. Toutefois, les épicuriens ont insuffisamment compris et défini le libre arbitre L'âme en effet est corporelle et constituee par des atomes ronds et mobiles, elle est principe de mouvement et de chaleur, mais elle se dissout avec le corps. Ne craignons donc pas les supplices du Tartare, n'esperons pas la vie heureuse des Champs-Elysees S il y a des dieux, ils ne prennent aucun soin particulier des affaires humaines

La morale épicurienne est la conséquence de ces premisses ne recherchons pas le plaisir immediat et actuel, car trop souvent il nuit le souverain bien est la plus grande somme de bien-être egoiste avec le moins de douleur possible. Aussi la premiere vertu est elle la prudence Elle nous permet de reconnaître 1° les désirs naturels et nécessaires ' il faut les suivre, 2° les désirs naturels, mais non necessaires il faut les contenir, 3° les desirs factices on doit les reprimer Dans ce système, toutes les vertus socratiques sont conseillées, mais à titre de moyens pour arriver à la paix de l'âme — La doctrine d Epicure a eté celébree par Lucrece, dont nous analysons plus loin une partie de l'ouvrage, et repiise par l'abbe Gassendi, au XVII° siecle, dans son *Syntagma philosophiæ Epicuri*

Presque à la même époque, les *stoiciens*, *Zénon* de Cittium (340), *Cléanthe*, et plus tard *Chrysippe* reagirent contre l'epicurisme Ils divisent aussi la philosophie en logique, physique et morale En logique, ils sont dogmatiques, mais pas idealistes à la maniere de Platon Leur physique consiste en ce qu'ils ont conçu l'univers comme formé de deux principes, l'un passif, la matiere indeterminee, l'autre actif, sorte de force intelligente toujours tendue dans la matiere et agissant de l'interieur à l'extérieur Cette raison inhérente à l'univers, c'est l'âme du monde, c'est Dieu même partout present, et notre âme est divine, car elle est une parcelle de l'âme du monde Dieu est à la fois l'immuable destin et la Providence qui gouverne tout. Rien n'est donc livré au hasard. Le premier précepte autorisé par cette doctrine fut que l'homme doit s'identifier avec l'ordre universel et suivre les lois de la nature, même quand elles sont rigoureuses, même quand elles nous imposent la perte de nos biens, de notre santé, de nos proches Mais, comme ces lois de la nature sont elles-mêmes conformes à la raison, il en résulte que suivre la nature revient à se soumettre à la raison Dès lors où sera le souverain bien ? ni dans le plaisir, ni dans l'intérêt egoïste, mais dans l'obeissance volontaire au devoir que commande la raison Seneque, dans son traité sur la Vie heureuse, le dit avec éloquence « Gardons-nous d'associer la vertu et la volupté La première est quelque chose de grand, de sublime, d'invincible , la seconde est chose basse, servile, impuissante, et qu'on rencontre dans les tavernes » Plus loin, il ajoute « L'honnète seul fait partie de l'honnete, et le souverain bien perd sa purete, s'il s'allie à quelque chose d'un moindre prix » La vertu stoïcienne est donc eminemment desinteressée et elle suffit au bonheur du sage De ces principes sortent, à titre de consequences legitimes, les célèbres paradoxes que voici Supporte et abstiens-toi , ne recherche que les biens qui dépendent de toi, le sage seul est libre, seul riche, seul heureux Otez au sage ses richesses, tous ses vrais biens lui resteront.

Ces fieres maximes exercerent la plus puissante influence sur l'esprit public et sur la legislation De la Grece, le stoïcisme passa à Rome, il s'y crea de nombreux et fervents adeptes, de lui relèvent Ciceron*, Séneque, Epictète et Marc-Aurele Plus loin, nous analysons quelques-unes de leurs œuvres Il importe même de remarquer que ces quatre philosophes, auxquels il convient d'ajouter

---

* Toutefois, en dehors de la Morale, Cicéron admit le probabilisme de la seconde Académie sur l'âme et sur Dieu

Lucrèce, constituent presque toute la *philosophie latine*. Elle fut peu originale

Signalons encoie dans les piemiers siècles de l'ère chietienne de giands penseuis qui s'illustrèient dans la philosophie, tels sont saint Clement d'Alexandiie, saint Augustin, Philon, et surtout les néoplatoniciens Plotin et Poiphyie, dans leui mysticisme, ils enseignèient que Dieu est constitue par tiois hypostases ou personnes divines.

## AUTEURS GRECS *

### Xénophon    Mémorables, livre 1ᵉʳ

Xenophon, celebre histoilen et moraliste grec, naquit près d'Athenes en 445 av J -C Disciple de Socrate, il composa le *Banquet*, les *Devouis d'un roi*, l'*Apologie de Sociate*, puis les *Entietiens mémorables* ou *Mémoires sui Sociate*

Les *Mémoires sur Socrate* se divisent en quatre livres Dans le premier, l'auteur ne montre Socrate que dans le rôle d'homme prive On l'accusa, dit Xénophon, de me-prisei les dieux de l'État, et pourtant il offrait des sacri-fices ouvertement, il admettait même la divination, il croyait à une providence divine qui s occupe des choses humaines, enfin ni ses actes ni ses paroles ne furent im-pies. En second lieu, on accusa Socrate de corrompre la jeunesse, cependant ses leçons eurent constamment pour but de diriger ses disciples vers la vertu Si quelques-uns d'entre eux, tels qu'Alcibiade et Critias, ont fait le plus

---

* Les candidats feront bien d'étudier les analyses de tous les auteurs sans exception, car, à l examen écrit, beaucoup de dissertations sont tirées de ces ouvrages C est à l examen oral seulement qu on n'est interrogé que sur quatre textes choisis

giand mal à leur patile, c'est qu'ils n'ont suivi ni son exemple ni ses conseils  C'est à ces hommes eux-mêmes qu'il convient de iepiochei leurs vices, leurs folies ou leurs ciimes  Bien plus, il les combattait dans leuis projets, il les biavait quand ils exerçaient injustement le pouvoir  Mais ses autres disciples, Ciiton, Phédon  Cebès, ont appiis de lui à piatiquei leurs devoirs envers leuis parents, leurs amis, leuis serviteuis et leur patrie  C'est par de tels disciples qu'il seiait équitable de jugei Socrate, consideions donc sa vie entieie  Elle a (ch III) servi d'exemple à ceux qui en furent temoins  Ses piieres etaient simples  il demandait aux dieux de lui accoider ce qui est bon, persuade qu'ils connaissent nos véiitables avantages. C'était, pensait-il, une indiscietion de demander aux dieux la richesse ou la puissance suprême

Dans un dialogue avec Aristodeme (ch IV), Socrate expose l'aigument teleologique de l'existence des dieux, il y declare qu'il est iaisonnable d'attiibuer à une intelligence les ouviages qui ont un but d'utilite, les organes des sens, l'instinct des animaux, le penchant des meres a nouirii leurs enfants, tout cela ne revele t-il pas les soins d'un ouvriei qui voulait que les animaux existassent ? Comment n'y aurait-il pas d intelligence hors de l'homme, alors qu'il en est doue  Quoi ! vous jugeiiez les dieux indifferents, eux qui ont mis tant de pioportion dans tout notre être ? Socrate se plaisait aussi (ch. V) à mettre en relief les avantages de la temperance  Si nous etions ariives à notre dernière heuie, disait-il, confleiions-nous nos enfants à un tuteur intemperant ? De même nous chasserions un esclave débauché, ne lui ressemblons donc pas nous-mêmes ?

Signalons encore l'entretien (ch VI) qu'il eut avec le sophiste Antiphon  Cet Antiphon vint un jour le voir et lui parla ainsi  « Je croyais, Socrate, que la philosophie rendait heureux  Cependant un esclave, nourri comme toi, ne resterait pas chez son maître  Tu fais usage des mets les plus grossiers et des plus viles boissons. Tu es couvert d'un méchant manteau qui te sert hiver comme été, et même tu n'as ni chaussure ni tunique. D'ailleurs tu refuses de l'argent — Mais, reprit Socrate, ceux qui reçoivent de l'argent sont obligés de remplir la condition sous laquelle ils obtiennent un salaire Mais moi qui n'en reçois pas, je ne suis pas forcé de m'entretenir avec ceux qui me deplaisent Tu méprises mes aliments, mais ignores tu qu'avec un bon appetit on n'a pas besoin d'assaisonnement, et que celui qui boit avec plaisir ne songe même pas aux boissons qu'il n'a pas ? Pour les vêtements, me vis tu jamais retenu à la maison par le froid, ou, durant la chaleur, disputant l'ombrage à quelqu'un ? Si je ne suis pas esclave de la bonne chère, c'est que je connais d'autres plaisirs plus doux et plus nobles Les delices, la magnificence, voilà ce que vous appelez le bonheur , pour moi, je crois qu'il n'appartient qu'à la Divinité de n'avoir besoin de rien , et c'est en approcher que d'avoir besoin de peu

### Platon · le VI· livre de la République

Platon, né dans l'ile d'Egine vers 430, s'inspira surtout de l'enseignement de Socrate Il fonda l'Academie à Athènes Il a composé des dialogues celebres le *Phèdre*, le *Gorgias*, le *Criton*, le *Phédon*, la *République*, les *Lois*, etc.

Dans le sixieme livre de la *République*, Socrate, en présence de Glaucon et d'Adimante, cherche à prouver que les gouvernements ne seront parfaits que si les philosophes consentent à devenir rois Le sage en effet s'élève à la connaissance du Bien, principe immuable des choses , il serait donc capable de veiller à la garde des institutions , il saurait fixer ce qui est honnête, car il aime avec passion la science qui seule peut lui devoiler l'essence éternelle et creatrice de l'univers Aussi a t-il horreur de ce qui est faux. En outre il est temperant et sans cupidité, jamais il n'est farouche et intraitable, toujours il fait preuve de douceur et d'équité. Son âme est pleine de mesure.

Peut-être remarquera-t on que les philosophes sont, en fait, inutiles à l'État, mais il faut s'en prendre à ceux qui ne les emploient pas Le sage, en effet, ne fait pas consister la sagesse à connaître les caprices de la multitude, il lui faut de meilleures raisons, c'est donc une nécessité qu'il soit blâmé par le peuple Souvent aussi une âme, bien douée naturellement, celle d'Alcibiade par exemple, se laisse seduire par les flatteurs et par les folles esperances, le vain orgueil en chasse la raison et livre la sagesse au mepris public Il arrive encore que des âmes indignes ne cherchent dans la philosophie que les vaines raisons et les sophismes, d'où il résulte que le nombre de ceux qui font estimer la philosophie reste bien petit

De tous les gouvernements qui existent, nul ne convient peut-être à la philosophie, toutefois si on transplante le vrai philosophe dans un bon gouvernement, alors on verra qu'il renferme en lui quelque chose de vraiment divin Aussi ne faut-il point s'attendre à voir d'Etat parfait, à moins qu'une heureuse necessite ne contraigne ce petit nombre de philosophes qu'on accuse d'être inutiles, à se charger du gouvernement Alors, au lieu de se borner à former son caractere personnel, le sage entreprendrait de faire regner dans les mœurs publiques l'ordre, la justice, la temperance

Voyons maintenant à l'aide de quelles sciences et de quels exercices se formera cet homme capable de maintenir la constitution de l'Etat Il lui faudra une heureuse mémoire, un esprit pénétrant, une imagination vive et aussi l'ordre, le calme et la constance En outre, il devra passer par des travaux et des dangers, puis s'exercer dans un grand nombre de sciences Surtout il s'elèvera par la dialectique, à la science superieure et première dont l'idée de Bien est l'objet principal. De cette idée de Bien

viennent la justice et les autres vertus, mais non pas
le plaisir, car il y a des plaisirs mauvais. C'est ce Bien
que toute ame poursuit, mais avec incertitude et sans
comprendre nettement sa nature. Ce que le soleil est
dans la sphere visible par rapport à la vue, le bien l'est
dans la sphere intelligible par rapport à l'intelligence.
L'idee de Bien est donc le principe de la science et de la
verité, mais elle leur est superieure, car on peut regarder
la science et la verité comme des images, des reflets du
Bien. D'ailleurs, les êtres intelligibles ne tiennent pas
seulement du Bien leur intelligibilite, mais encore leur
être et leur essence De même que les définitions du carre,
de la diagonale et autres figures posees par les geometres
sont tout intellectuelles, bien qu'ils se servent d'images
pour les representer, de même le Bien est purement rationnel, il est le principe qui n'admet plus d hypothese, il
est la cause sans cause, et il n'a besoin du secours d'aucune donnee sensible Notre esprit s'exerce à l'aide de
quatre opérations l'intelligence pure, la connaissance
raisonnée, la foi fondée sur l'autorite, la conjecture La
premiere opération seule nous éleve à l'idee de Bien Or,
un Etat sera parfait, s'il a pour chef un homme qui
joigne la connaissance du Bien a celle du Juste et du
Beau

### Aristote   Ethique à Nicomaque, livre X

Aristote naquit, en 384, a Stagyre, en Macédoine, mourut en 322, exile à Chalcis en Eubee Il fut le précepteur
d'Alexandre le Grand, et, peut-être plus que Platon, il fut
aussi le précepteur de la jeunesse des ecoles en Europe.
On a de lui l'*Organon* ou Logique, puis la *Physique*, la
*Métaphysique*, des *Traités de litterature* et trois *Traités de
morale.*

La Morale à Nicomaque se divise en dix livres

Le *dixième* livre traite du plaisir et du vrai bonheur. — Le plaisir est certainement le sentiment le plus approprié à notre nature, et ce qu'il y a de plus essentiel pour la moralité du cœur, c'est d'aimer ce qu'il faut aimer Mais si les uns pretendent que le plaisir est le bien, d'autres, au contraire, l'appellent un mal, et cela en partie dans le but de détourner le vulgaire de le poursuivre aveuglement Mais ce but est rarement atteint, car ceux qui proscrivent le plaisir ne s'en abstiennent pas toujours.

Examinonsd'ailleurs (chap II) les doctrines antérieures sur sa nature Eudoxe pensait que le plaisir est le souverain bien, car tous les êtres sont entraines vers lui Aristote pense que le plaisir peut seulement être mis au nombre, mais non au-dessus des autres biens En effet, Platon a bien raison, dit-il, de regarder la vie de plaisir comme plus desirable avec la sagesse que sans la sagesse. On dit encore que, le bien étant complet et absolu, tandis que le plaisir est relatif et susceptible de plus ou de moins, le plaisir ne peut etre un bien, mais, replique Aristote, n'y a-t il pas des degres dans la justice, dans nos qualites, dans la sante ?

On dit encore que le plaisir est un mouvement et une generation. Aristote le conteste en disant que le plais'r peut être plus ou moins vif, mais non plus lent ou plus rapide. Tout au plus est-il permis de dire que les plaisirs du corps sont des generations, vu qu'ils correspondent à un besoin, mais les plaisirs de l'esprit ont une origine moins matérielle Ce qu'on peut dire de plus net à ce propos, c'est que le plaisir n'est pas le souverain bien, car tout plaisir n'est pas desirable, mais qu'il y a cependant des plaisirs désirables

Au chapitre III, l'auteur observe que le plaisir est une sorte de tout indivisible, et qu'il (chap IV) achève l'acte en le complétant, aussi toute fin atteinte, toute fonction remplie est agreable. Le plaisir sera plus grand là ou la sensation est la plus vive, s il complète l'acte, il est comme

la fleur de la jeunesse qui se joint à l'âge  heureux qu'elle
anime  En outre, certaines choses nous  font  plaisir uniquement parce qu'elles sont nouvelles  En général, si tous
les  hommes  aiment  le plaisir, c'est que tous aiment  la
vie et parce qu'il donne à  l'existence toute  sa plenitude.

Autant (chap  V) de fonctions distinctes, autant d'espèces de plaisirs  Ainsi les actes de  la pensee diffèrent de
ceux des cinq sens  De plus, le plaisir  augmente le talent
et la capacite, car un plaisir vif distrait et  absorbe  Non
seulement chaque sens a  son plaisir propre,  mais chaque
espèce animale, car « un âne choisirait de la paille au lieu
d'or , » et même chaque individu diffère sur ce point

Au chapitre VI Aristote trace une esquisse du bonheur.
Il est, dit-il, la fin de toutes nos  actions  Il n'est pas un
état puiement passif, car on ne peut  pas l'eprouver dans
le sommeil. Mais c'est un etat où l'on n'a besoin de rien, et
ou l'on ne iecheiche rien au delà, or tel est le caiactère des
actes de veitu. Le vulgaire s'imagine que les divertisse-
ments font partie du bonheur, paice que les puissants du
jour sont les premieis à y perdie leur temps  Mais la
vertu et l'intelligence, source unique des actions honnêtes,
ne sont pas les compagnes obligees du pouvoir. La vie
heureuse est une vie conforme à la vertu et cette vie est
serieuse et appliquée. Mais (ch. VII) il est  naturel
que le bonheur soit l'acte conforme à la vertu de la partie
la meilleure de notre être  Or l'entendement est notre faculté supeileure, c'est elle que nous pouvons le mieux
exercei avec continuité  De plus cet exercice de la sagesse
et de la science nous procure plaisir et satisfaction  Sans
doute les choses necessaires à  l'existence font besoin au
sage, mais seul, pauvre et  sans honneurs, le  sage peut
s'instruire et pratiquer la vertu.

Parmi les actes conformes à la vertu, ceux de la politique et de la guerre peuvent bien l'empoiter sur les autres
en éclat et en importance, mais ces actes sont pleins
d'agitation  Au contraire, l'indépendance et tous les avan-

tages qu'elle attribue d'ordinaire au bonheur, semblent se rencontrer dans l'acte de la pensee qui comprend et comtemple la vérité  c'est là une vie divine par  rapport à la vie ordinaire de l'homme

Ensuite (ch. VIII) on  peut placer au second rang la vie confoime à toute autre vertu que la sagesse et la  science , tels sont nos actes de justice et de courage, en general les vertus morales s'associent à des passions génereuses, elles concernent  le  composé  qui  constitue  l'homme  Ce  qui prouve encore que le parfait bonheur est un acte  de pure contemplation, c'est que nous n'attribuons pas  aux Dieux une autre peifection, nous ne concevons pas qu'ils iendent des dépôts, qu'ils donnent de l'aigent, qu'ils bravent des dangers, non, mais leur existence est  surtout intellectuelle, elle est une contemplation  Toutefois (ch IX) le bonheur de  l'homme suppose un certain bien-être extérieur  ainsi que la sante.

Il impoite de remarquer (ch. X), en terminant, qu'il ne suffit pas de connaître l'essence de la vertu, il faut encore s'efforcer de la pratiquer N'imitons pas la foule de ceux que les préceptes sont impuissants à retenir La foule ne vit que de passions et ne poursuit que les plaisirs qui leur sont propies , elle n'ecoute pas la voix de la iaison. Aussi la loi qui contiaint, puis l'education pai l'Etat et celle des parents, sont-elles nécessaires pour moialisei et reprimer les caractères mal disposés


## Manuel d'Epictète


Epictète d'Hierapolis en Phiygie, était esclave d'Epaphrodite, secrétaire de Neion. Chassé de Rome sous Domitien, il se ietira à Nicopolis, en Epire. Arrien, son disciple, a résumé son enseignement dans le *Manuel*

Nous sommes malheureux pai notre propre faute, par

suite de croyances inexactes Ecartez ces fausses sug-
gestions et vous reconnaîtrez que les Dieux ont mis à la
portee des hommes deux especes de biens, les uns inté-
rieurs qui dependent de nous, les autres exterieurs qui
n'en dependent pas Il dépend de nous de juger, de croire,
de desirer, de vouloir, mais il est hors de notre portee
d'avoir un corps bien ou mal fait, de jouir d une sante
bonne ou mauvaise On peut maltraiter notre corps et nous
enlever nos richesses, ne nous attachons donc pas à des
biens aussi précaires Retranche tous les desirs, ou
tout au moins n'aime que conformement à la nature et à
la raison si tu aimes un vase de terre, dis toi que tu
aimes un vase de terre De même la mort n'est point un
mal, car elle arrive conformément à la nature, mais ce qui
est un mal, c'est l'opinion que la mort est un mal. Nous
devons par l usage et l'exercice de notre libre arbitre chas-
ser de notre esprit toutes ces opinions fausses

En suivant cette regle, nous ne tirerons point vanite des
avantages extérieurs, nous considérerons la vie comme un
voyage qui ne nous offre que des spectacles d'un moment
et des biens qu'il faut abandonner. Nous conformerons nos
desirs aux evénements et par là nous serons heureux. Si
nous n voulons que ce qui dépend de nous, notre volonte ne rencontrera nul obstacle, quand ton fils mourra,
dis-toi que tu l'as rendu. Mais si tu vois quelqu'un dans la
douleur et pleurant la perte de sa fortune ou de sa femme,
songe que cet homme deplore un malheur imaginaire,
témoigne-lui donc quelque sympathie, mais ne partage
point sa douleur.

Ne va point troubler ton repos par ces vains raisonnements « Je vivrai sans honneurs, je ne serai d'aucun
secours à mes amis, à ma patrie » Car si tu preparais a ta
patrie un citoyen honnête et vertueux, ne lui rendrais-tu
aucun service? Certai  ent tu ne pourrais pas lui faire
un plus beau présent. Apprends donc à renoncer aux dis-
tinctions et jamais ne les achete par des bassesses.

Tous nos devoirs résultent des rapports etablis par la nature C'est ton père? ton devoir est d'en prendre soin. Mais ce père est mechant ! qu importe? La nature ne t avait pas lié necessairement à un bon pere, mais à un pere En outre chaque chose a deux anses, l'une qui la rend tres facile à porter, et l'autre très difficile ton frère t'a nui, mais c'est ton frere

Ne dis jamais que tu es philosophe ne debite point de belles maximes devant les ignorants, mais fais tout ce que ces maximes prescrivent

Sache que le principal fondement de la religion est d'avoir des opinions droites sur les Dieux et de croire qu'ils gouvernent le monde avec autant de justice que de sagesse Ne consulte le devin que sur l'avenir, mais non sur tes devoirs, souviens toi en effet qu'Apollon chassa du temple celui qui avait vu égoiger son ami sans le secourir.

Soumets-toi a la destinee, car celui qui cede à la necessité est seul veritablement sage, il comprend que tous les evenements conformes à la nature ne sont pas un mal, il repete le mot de Socrate dans l Apologie « Anytos et Melitos peuvent me faire mourir, mais ils ne sauraient me nuire »

## AUTEURS LATINS

### Lucrèce : De Naturâ rerum, livre V

Lucrèce, né à Rome en 95 avant notre ère, mort en 44, exposa le système d'Epicure dans son poème *De Naturâ rerum* en six chants.

Livre V Si l'on compare, illustre Memmius, la sagesse enseignée par Epicure aux inventions des temps antiques, aux bienfaits de Cérès et de Bacchus, ce philosophe est digne d'être compté au nombre des dieux, car, par la vertu de sa parole, il a chasse de nos âmes l'orgueil, la luxure, l'insolence, et il a developpé dans ses discours tout l'ordre de la nature  Au premier rang des êtres se place notre âme, elle est un assemblage corporel et elle ne saurait conserver une existence sans fin  Le monde, lui aussi, est une substance mortelle, car il a pris naissance  N'allons pas croire non plus qu'entre le ciel et la terre les astres se prêtent au soin de faire croître les fruits de la terre et les êtres animés, ne croyons pas que ce qui les fait rouler est quelque disposition divine  nous serons ainsi soustraits au joug d opinions superstitieuses (vers 120)  De même qu'il n'y a pas d'arbres dans l'air, de nuages dans les flots amers, de meme l âme et la pensée ne se trouvent pas en toute espece de corps, et de meme les dieux n'ont pas leurs saintes demeures dans quelque partie de ce monde, elles sont necessairement aussi subtiles que leurs corps divins  Enfin, dire que les dieux ont disposé en vue de l'homme ce monde et ses merveilles, c'est folle !  Croirons nous que la vie des dieux se traînait dans la tristesse jusqu'au moment ou a lui l'aurore de la naissance des choses ? Et pour nous quel si grand mal était-ce de n'avoir pas été crées, alors que nous n'avions pas encore goûté l'amour de la vie ? Et le dessein d'apres lequel devaient être formees les choses, qui l'a fait entier dans l'esprit des dieux avant que le modele de la création n'eût ete donne par la nature meme ? Cette nature n'est donc pas de creation divine, elle est, en effet, trop défectueuse, de plus, elle n'a pas ete faite pour nous, car, quand tout fleurit, le soleil trop souvent brûle nos moissons, ou les frimas glaces les font perir. Puis, que d'especes sauvages nous font la guerre, que de maladies chaque saison nous apporte ! Des sa naissance l'enfant remplit deja de ses vagissements lugubres les lieux d'alentour, comme il convient a celui qui doit encore traverser tant de maux.

L'univers n'est pas non plus un corps d'une solidité

parfaite , la porte de la mort n'est fermée ni au ciel, ni au soleil, ni à la terre, ni aux profondes eaux de la mer  Dans cette lutte sans merci,  tel element fut tour à  tour vainqueur et vaincu, tantôt l'eau, tantôt le feu , ou donc trouver dans ce  conflit la trace d'un dessein arrete ? On n'y voit qu'impulsions et qu'essais successifs et imparfaits Il fut un temps ou ne se voyaient ni le char du  soleil, ni les astres de l'immense voûte, mais  une  sorte d'assemblage tumultueux de masse confuse  Bientôt les semblables s'associerent aux semblables, et de l'ensemble des choses se sépara le monde avec ses éléments et ses parties variees. Mais à  quelle cause attribuer le mouvement des astres (vers 510) ? A la double impulsion  de l'air qui touche la voûte  du ciel et qui l'enferme de  deux  côtes,  ou bien a quelque courant aerien. Remarquons d'ailleurs (vers 566) que  le disque ardent du soleil ne saurait etre beaucoup plus grand qu'il semble à nos sens, car un  feu qui brille au loin garde la même apparence. De meme d'ici-bas nous voyons la lune avec sa veritable grandeur. Le soleil  peut, sans être plus gros qu'il ne paraît *, éclairer notre univers, de même qu'une petite source submerge  une vaste plaine

Lucrece revient ensuite au  mouvement des astres et presente diverses hypotheses sur les phases de la lune. Puis (vers 780) il decrit la nouveaute du monde et ses riches productions D'abord sur  toutes ses plaines brillerent, emaillées de fleurs, de vastes prairies Plus tard elle créa en grand nombre, par des moyens divers, les especes animales. Car il ne se peut que du ciel soient tombes des êtres animes Maintenant encore se produisent du sein de la terre bien des animaux, quoiqu'qu'elle ait cesse de produire autant qu'autrefois. D'ailleurs il faut le concours de bien des choses pour que les especes puissent se propager  de la nourriture, une semence generatrice, une conformation en mutuel rapport. Mais ne croyons pas que jamais la

---

* Etrange erreur

terre ait produit des Centaures, des Chimères et autres monstres

Dans le principe, vecut sur la terre une race d'hommes plus dure comme il convenait à des êtres produits par le dur sein de la terre Ces hommes menaient en troupes la vie errante des bêtes sauvages Mais quand (vers 1010) la femme, unie à l'homme, se fut retiree avec lui dans une même demeure, alors le genre humain commença à perdre quelque chose de sa durete primitive, la plupart observèrent les contrats qu'ils avaient acceptés Puis naquit lentement la parole Un seul homme n'eût pu ni creer, ni imposer, ni rendre intelligibles les signes de la pensée. Si des sensations differentes forcent les animaux à émettre des sons divers, n'est-il pas plus naturel que l'homme ait trouve pour chaque chose des termes particuliers ?

Plus tard on apprit du soleil à cuire les aliments Bientôt on fonda des villes, on construisit des citadelles En outre les hommes, dans leur ignorance, firent les Dieux auteurs des phenomenes celestes Et en effet comment ne penserions-nous pas à apaiser la divinite quand sevit la tempête, quand des cites entieres tremblent sous nos pieds?

Après le culte religieux, vinrent encore (vers 1240) de nouvelles inventions, l airain, l'or, le fer, l'argent, nés d'immenses incendies Ensuite on s'elança arme sur un cheval, on tenta les perils de la guerre On prépara des tissus et des vêtements

### Cicéron : De Naturâ Deorum, II

Cicéron (107-44) composa le traité *De Naturâ Deorum* l'avant derniere annee de sa vie Outre de nombreux discours et plusieurs ouvrages sur la rhétorique, ce grand orateur exposa diverses theories philosophiques dans le *De*

*Officus*, d ins les *Tusculanes*, la *Republique*, les *Lois*, lo *De Amicitia*, le *De Senectute*, etc

Dans le piemier livie sui la natuie des Dieux, Velleius explique le systeme d Epicure, Cotta combat l'epicurisme Le second livio renferme l'expose par Balbus de la doctiine des stoiciens sur la natuie des Dieux Enfin dans le troisieme livre, Cotta ou plutôt Cicéion soutient la doctiine de l'Academie, contre celle du Portique

Livie II — Les stoiciens, dit Balbus, enseignent d'abord qu il existe des Dieux Oi nous remaiquons que celte cioyance est ties ancienne et tout à fait conforme à noire raison *omnibus enim innatum est esse deos.* Cleanthe, disciple de Zenon de Cilium, justifiait celte croyance par quatie causes, dont la plus forte elait la iégulaiite du mouvement et des grandes phases du ciel une intelligence suprême doit piesidei à la maiche de la nature (V)

En voyant une giande et belle maison, dit Chiysippe, tu ne te laisseias jamais peisuadei qu'elle ait éte batie pai des souris et des belettes Or telle est la pompe de l'univers, la multitude et la beauté dts œuvres célestes, l'immensite de la teiie et des mers que tu passerais pour fou, si tu t'imaginais que c'est là ta maison et non celle des Dieux immoitels Les parties du monde ne manifesteiaient pas une si giande harmonie, si elles n'etaient point penchees d une seule et même âme divine, Tel est le sens de la celebie paiole de Zenon « le monde iaisonne et il a du sentiment. » (VIII) Il possede un piincipe de chaleui et de feu qui donne la vie et l'accroissement à tous les animaux et à toutes les plantes, On l'appelle 1 ether et, puisque tout mouvement vient de l'ether et que l'ethei n'est pas mu par impulsion, mais par sa veitu, il est âme et pai consequent le monde est animé (XII), Il faut de plus qu'il soit doue de sagesse, sans quoi l'homme qui n'est qu une paitie du monde, serait plus que l'univeis, Les divers degiés de peifection qui caiacteiisent les éties, supposent la perfection absolue, cai, comme le dit encoie

Zenon, la nature est πῦρ τεχνικὸν οδω βαδίζον εἰ, γενεσιν Elle est donc divine cette nature et le monde est Dieu (XV), comme le sont aussi les astres, vu la regularite de leurs mouvements , on peut même dire que ces mouvements sont volontaires, car (XVI) quelle puissance pourrait imposer aux astres la direction qu'ils suivent ?

Reste à examiner (XVII) quelle est la nature des Dieux question difficile parce qu'il y faut faire abstraction de ce que voient les yeux Sur ce point, rien n'est plus conforme à la prenotion innee que nous avons de Dieu que d'attribuer une ame et la Divinité à l'univers Pour s'en convaincre, il suffit de contempler le mouvement harmonieux des étoiles, on ne peut pas concevoir un accord si constant sans y admettre de la raison et une fin préméditee On ne trouve dans le ciel ni hasard, ni inconstance, ni erreur En outre, la nature particuliere de chaque étre est artiste et ouvriere En cela les Dieux ne se livrent pas à un travail fatigant, car ils ne sont formes ni de veines, ni de nerfs, ni d os, mais places dans la région la plus pure du ciel, ils reglent leur cours en conservant toutes choses

On a aussi donné le nom de dieu d'abord aux presents des dieux, comme lorsqu'on appelle le blé Ceres, le vin Bacchus, puis aux mortels qui avaient rendu d'eminents services De là sont nees beaucoup de fables et de superstitions de vieilles femmes Mais, en rejetant ces fables, on pourra encore reconnaître un Dieu repandu dans la nature.

Si l'on admet l'existence des dieux, on conviendra qu'ils font quelque chose et qui est grand Autrement il y aurait donc quelque étre supérieur aux dieux en intelligence ou en pouvoir Mais d'ailleurs, si les hommes possedent la raison, la sagesse et la vertu il faut bien que les Dieux aient ces qualités non seulement a un degre superieur, mais encore qu'ils s'en servent pour les meilleures choses Dans un arbre, dans un animal (XXXII) rien n'est accidentel et fortuit tout y revele un art, et même dans la

nature inorganique, les combinaisons mutuelles des quatre
elements (XXXIII) forment la liaison de l'univers, car
l'eau se forme de la terre, l'air de l'eau le feu de l'air

N'imitons donc pas les epicuriens (XXXV) qui s'ima-
ginent qu'Archimede a montre plus de genie en imitant le
mouvement de la sphere que la nature en le faisant Pourquoi ne pas croire aussi (XXXVII) qu'en jetant ensemble
un nombre prodigieux des vingt et un caracteres de l'alpha
bet, on pourrait composer les annales d'Ennius? Le hasard
serait il capable de p oduire un seul vers? Si le concours
des seuls atomes peut former un monde, pourquoi ne
peut-il pas aussi former un portique, un temple, une maison, une ville? Ce seraient des ouvrages plus faciles
Examinons donc la beaute de toutes choses et nous ne
douterons plus que les dieux soient intelligents

Puis quelle variete d animaux quelle abondance de
tout ce qu il faut pour conserver chaque espece ! Les uns
sont couverts de peaux, les autres revêtus de poils
d'autres hérissés de pointes (XLVII) Tout l'interieur de leur
corps est dispose de maniere que rien n y est superflu
Enfin, pour que la beaute du monde fût eternelle, la providence des Dieux a pris soin de perpetuer les differentes
especes d animaux, d arbres et de plantes (LI) Il importe
encore de signaler les avantages des rivieres, le flux et le
reflux de la mer, les bois des montagnes, l'alternative du
jour et de la nuit, et surtout la structure, la forme et la
perfection des organes de notre corps, les dents, les poumons, l estomac, le cœur, les yeux, les oreilles quel
autre ouvrier que la nature aurait mis un art si parfait
à former nos sens (LVII)? et quant a l'âme, combien l'accord de ses facultés, combien la supériorite de sa raison et
de son raisonnement revelent et exigent la présence et
l action d'une sagesse divine ! Si les hommes possedent
l'intelligence, les Dieux en seront-ils depourvus? Non, car
c est leur plus bel attribut

Et quelles mains adroites la nature a données à

l homme ! Enfin tout ce qui se trouve dans ce monde à l'usage de l homme a été fait et préparé pour lui (LXI) Il faut même etendre nos vu s et dire le monde est la maison commune des Dieux et des hommes, car les Dieux et les hommes sont les seuls etres raisonnables, les seuls qui vivent d'apres la justice Les animaux s'emparent des biens de la terre comme des voleurs, mais c'est comme des maîtres que les hommes se servent de ces biens, et cela publiquement, librement Ainsi à quoi bon la brebis, si, par sa laine, elle ne nous fournit pas de vêtements? Et ce n est pas seulement sur la surface de la terre, c'est encore dans la profondeur de ses entrailles que se trouve un nombre de choses utiles à l'homme La Providence divine s'etend encore a chaque individu en particulier nul mortel n'est hai des Dieux

### Cicéron de Officiis, livre I<sup>er</sup>

L'honnête, l'utile, la comparaison de l'utile et de l'honnête, tel est le triple objet des trois livres du *De Officiis*

*Premier livre* C'est dans la nature même de l'homme que se découvrent les principes et les semences de l'honnête. Or, on trouve dans l'homme l'instinct de la conservation et des besoins qui nous sont communs avec l'animal. On y trouve aussi la raison qui le pousse à la recherche du vrai, qui le porte à la societe de ses semblables et qui lui inspire des sentiments de dignite. De là quatre vertus fondamentales qui comprennent tous nos devoirs La première a pour objet la recherche de la verite et s'appelle la prudence, la seconde est la justice, la troisieme est le courage, *fortitudo*, ou la grandeur d'âme, *magnitudo*, la quatrieme est la temperance, la modestie et l'empire sur nos passions

1° Bien diriger notre intelligence, juger sainement, tenir

l'erreur pour un mal, voilà une vertu essentielle, par elle nous ne donnons pas légerement notre assentiment, nous ne nous appliquons pas à des choses obscures et futiles Mais cette culture intellectuelle ne doit point nous porter à sacrifier les affaires à l'etude, bien que les sages pensees soient l'antécedent des bonnes actions

2º La vertu par excellence (VII) est la justice, elle embrasse toutes les relations de la vie  Elle comprend la justice proprement dite, puis la bienfaisance  Le premier precepte de la justice consiste à  ne nuire à personne, *ne cui quis noceat* Mais Cicéron ajoute cette restriction celebre *nisi lacessitus injuriâ* Ces derniers mots ont été l'objet de vives critiques, mais on conviendra que par là Cicéron proclame seulement le droit de légitime defense Le second précepte de la justice consiste à ne s'approprier que ce qui n appartient à personne Bien que Cicéron ne remonte pas à l'origine superieure de la propriete, à savoir la personnalite libre et le travail, il assigne cependant à l'appropriation du sol plusieurs raisons legitimes  l ancienne occupation, la victoire, la loi, les contrats, les partages publics

De plus on peut être injuste soit en faisant le mal, soit en le laissant faire, le désir de prévenir un ennemi, la passion, la convoitise, l'avarice, l'ambition sont les causes principales qui nous portent à violer les droits d'autrui, puis la crainte de se faire des ennemis, la négligence, la paresse, les occupations, voila ce qui nous laisse indifferents sur les actes injustes d'autrui. Cicéron se demande ensuite si l'on doit tenir une promesse funeste, si l'on rendra le glaive à celui qui le réclame pour en frapper un autre ou se frapper lui-même, il répond que, dans le but de concourir au bien general, on ne tiendra pas cette promesse, on ne rendra pas ce glaive D'ailleurs la justice nous oblige même pendant la guerre  malgre ses violences, celle ci a ses regles ، ne faire la guerre que pour repousser l'injustice, respecter ses serments même envers un ennemi, comme fit Regulus Enfin l auteui parle en faveur des esclaves, poui eux il invoque la justice et la pitié

La seconde forme de la justice est la bienfaisance (XIV) vertu foi t accommodee a la nature humaine Mais sa pratique exige diveises piécaulions comme de donnei selon ses moyens et avec discernement L'amoui de la patiie en est une forme des plus iemaiquables, quel homme de bien hisiteiait i mouiii pour elle? Il faut même etendie i tous les hommes les devoiis de la bienfaisance comme ceux de la justice, on voit par là que Giceion a puise à la source du stoicisme l'idce d une fiateinile et d une charité universelle

3ᵒ Passons (XVIII) a la veitu du couiage et de la giandeui d'ame Remaiquons d aboid que tout se tient dans l'honnête, et que les qualie veitus ne sont pas sepaiees En effet ne faut-il pas du couiage poui piatiquei la justice? Mais en general le couiage nous fait biavei tout dangei, l'equité l'accompagne, auliement il ne seiait que brutalité, disons avec les stoiciens qu'il est *viilus propugnans pio æquitale* S clevei au-dessus de ce qui ne depend pas de nous, tenii tele aux hommes, a la foilune, domptei ses passions, accomplii des actes eclatants, voilà le couiage L'amoui de la gloiie est ici l'ecueil i evitei Au dessus du couiage militaiie, Giceion place le couiage civil

4ᵒ Reste la qualiieme paitie le l'honnête, la tempeiance et la modestie, elles sont l'oinement et la dignité de la vie, son decoium suboidonnons l'appetit à la iaison, veillons aux bienséances exteiieuics, i notie tenue, a nos demaiclies poui paivenii aux honneuis Soyons dignes dans nos conveisations, souffions que chacun paile a son toui, evitons la medisance, la iaillciie à l'egaid des absents A piopos de cette dignité peisonnelle, Cicéion blâme les cyniques et même quelques stoiciens

**Sénèque    les seize premières lettres à Lucilius**

Seneque le philosophe, né a Cordoue en l'an 3 de notre ere, s adonna d abord à l'eloquence, puis cultiva la philosophie stoicienne Il est l'auteui de traites sur *les Bienfaits*, sur *la Colère, la Clemence*, sur *la Vie heureuse*, etc et de 124 *lettres à Lucilius*, voici l'analyse des seize premieres.

1 — Sur l'emploi du temps — Suis ton plan, cher Lucilius, reprends possession de toi-même, le temps que jusqu ici tu laissais perdre, menage-le. La plus grande partie de la vie se passe à mal faire, une grande à ne rien faire, le tout à faire autre chose que ce qu'on devrait. Sois donc completement maitre de tes heures Le temps seul est notre bien

2 — Des voyages et de la lecture — Le premier signe d'une âme bien réglee est de se fixer, de sejourner avec soi, aussi la lecture d'une foule d'auteurs revele-t-elle de de l'inconstance Fais donc un choix d'ecrivains pour te nourrir de leur genie C'est n'être nulle part que d'être partout Ceux qui voyagent sans cesse, ont des milliers d'hôtes et pas un ami De même la multitude des livres dissipe l'esprit.

3 — Du choix des amis — Si tu tiens pour ami l homme en qui tu n'as pas autant de foi qu'en toi-même, ton erreur est grave, tu ne connais pas l'essence de la veritable amitie Delibere sur l homme de ton choix avant d'être ami, sois juge, ami, sois confiant, parle aussi hardiment devant lui qu'a toi-même Juge le discret, il le sera

4 — Sur la crainte de la mort — Nous ne sommes plus jeunes mais, chose plus triste, nos âmes le sont toujours et, sous l'air imposant du vieil âge, nous gardons les défauts de la jeunesse Comme elle, nous nous effrayons de la mort et pourtant il n'est jamais grand le mal qui te

mine tous les autres  Si beaucoup de gens se tuent par désespoir ou par crainte, le vrai courage ne pourra-il nous faire traverser la mort? Veux-tu que ta vie soit douce? Ne sois plus inquiet de la voir finir.

5. — De la philosophie d'ostentation — N'imite point les hommes moins curieux de faire des progrès que du bruit, que rien, en ton extérieur, en ton genre de vie, n'appelle sur toi les yeux  Étalez une mise repoussante, une chevelure en desordre, une barbe négligée, etablir son lit sur la dure, fuis tout cela, ni toge brillante, ni toge sordide  Ne nous rendons ni ridicules ni odieux  Ne recherchons pas trop les richesses, mais c'est faiblesse d'âme de ne les pouvoir supporter

6 — La véritable amitié est celle que ni l'espoir, ni la crainte, ni l'intérêt ne peuvent rompre, celle qui ne meurt qu'avec l'homme et pour laquelle l'homme sait mourir  Aussi que de gens à qui les amis n'ont pas manqué, mais bien l'amitié, Pour moi j'aspire à verser mon trésor tout entier dans ton ame et si je me réjouis d'apprendre, c'est pour enseigner. Toute jouissance qui n'est point partagée, perd sa douceur.

7. — Fuir la foule et les combats de gladiateurs — Tu me demandes ce que tu dois principalement éviter? — La foule  Tu ne peux encore t'y livrer impunement Pour moi jamais je ne rentre chez moi tel que j'en suis sorti  Toujours quelque tentation chassée reparaît  Plus nos liaisons s'etendent, plus le danger se multiplie  Mais rien n'est funeste à la morale comme l'habitude des spectacles  J'en sors plus attaché à l'argent, à l'ambition, j'en sois plus cruel et plus inhumain  Il en est surtout ainsi pour les spectacles de gladiateurs  là, plus de badinage, c'est l'homicide dans sa crudité.

8 — Retraite du sage  — Quand je te presse de fuir le monde, tu me dis : « que devient ton précepte qui veut que la mort nous trouve en action? » Je te réponds que c'est au profit de la postérité que je travaille, c'est pour

elle que je rédige quelques utiles leçons A tous je crie
evitez tout ce qui séduit le vulgaire, tout ce que le hasard
dispense Tenez tous ses dons pour suspects Dans l'homme rien n est admirable que l'âme.

9¡ — Pourquoi le sage se fait des amis — Notre sage se
suffit Toutefois il désire en outre les douceurs de l'amitie,
bien qu'il trouve en soi assez de ressources Les choses
qui lui manquent, il ne les regrette pas, mais il prefere
n'en être pas privé Il se plait à vivre avec des amis, mais
il en souffre patiemment la perte D'ailleurs le sage aime
ses amis avec désinteressement n'embrasse l'amitie que
pour soi, méchant calcul Le sage prend un ami afin
d'avoir pour qui mourir, d'avoir qui suivre en exil, de qui
sauver les jours

10. — Utilite de la retraite — Oui, je ne m'en dedis
pas . fuis les grandes compagnies, fuis les petites Je ne
sache personne avec qui je veuille te voir communiquer
Vis avec toi-même. Pour les vœux d autrefois, tiens-en
quitte la divinite, formes-en d'autres tout nouveaux,
implore d'elle la sagesse, la sante de l'âme et seulement
ensuite celle du corps.

11. — Ce que peut la sagesse contre les défauts naturels. — Aucune sagesse ne saurait enlever dans l'homme
physique ou moral certaines imperfections originelles J'ai
vu les plus hardis mortels ne pouvoir paraître en public
sans être pris d'une sueur soudaine J'en ai vu à qui les
genoux tremblaient C'est que la sagesse ne tient pas
tout à fait la nature sous sa loi Cultive neanmoins cette
sagesse fais choix d un censeur habile et propose-toi un
modele à imiter.

12. — Avantages de la vieillesse. — De quelque côte
que je me tourne, tout ce que je vois me demontre que je
suis vieux J'etais allé à la campagne, et là, soit ma maison, soit mes anciens amis, m'ont fait sentir ma vieillesse faisons-lui bon accueil et aimons-la, elle est pleine
de douceurs pour qui sait en user. Qu'il est doux d'avoir

lasse les passions, de les avoir laissées en route Si Dieu nous accorde un lendemain, soyons heureux de le recevoir

13 — Sur la crainte de l'avenir — Ton courage est grand, je le sais, et il brille surtout quand les difficultés surgissent de toutes parts Toutefois, Lucilius, il y a plus de choses qui font peur qu'il n'y en a qui font mal, nos angoisses sont ou excessives, ou chimériques, ou prematurées En presence de l'infortune, dis-toi « Nous verrons qui sera le plus fort » La cigue a fait la grandeur de Socrate

14 — Jusqu'à quel point il faut soigner le corps — Je l'avoue, la nature a voulu que notre corps nous fût cher, elle nous en a commis la tutelle, mais on se prepare trop de tyrans des qu'on s'en fait un de son corps Le beau moral est bien peu de chose aux yeux de l'homme pour qui le physique est tout Donnons au corps tout ce qu'il exigera, mais sachons, des que l'ordonnera la raison, le precipiter dans les flammes Veillons à écarter du corps l'indigence les maladies la violence et la cruauté des princes Que la philosophie soit notre refuge Imitons ces stoiciens qui, exclus des affaires publiques, ont embrassé la retraite pour donner au genre humain le code de ses lois

15 — Des exercices du corps De la moderation — Soigne par privilege la santé de l'ame, que celle du corps vienne en second lieu et elle te coutera peu si tu ne veux que te bien porter Mais il est des exercices courts et faciles la course le balancement des mains avec un fardeau, le saut en hauteur ou en longueur Choisis lequel tu voudras Ne reste pas sans cesse courbé sur un livre, mais il ne faut s'échauffer que graduellement Ce n'est pas d'exercer le corps qu'il s'agit, mais de s'exercer par lui

16 — Utilité de la philosophie — Je vois que les progres sont grands Tes lettres n'ont ni teinte ni fausses couleurs J'ai bon espoir de toi, mais pas encore confiance

enfiere La philosophie n'est point un art d'eblouir le peuple, elle n'est pas une science de parade Mais, dnas-tu, que me sert la philosophie si Dieu régit tout ? Car changer l'immuable, je ne le puis Je te reponds que la philosophie nous déterminera à obeir volontairement à Dieu, elle nous apprendra aussi à resister a la Fortune

### Philosophie du moyen âge

Les invasions des peuples barbares venus de l'Asie et de la Germanie, ainsi que l'établissement définitif du chris tianisme, modifierent profondement en Europe la marche de la civilisation et le developpement des theories philosophiques L'état de guerre presque continuel qui, pendant pres de huit siecles, caractérise le moyen âge, fit que la science et la philosophie se réfugierent dans les monasteres et les ecoles mais en y subissant la domination de la theologie positive On traita surtout la question de l'origine et de l'objectivité des idees universelles ou *universaux* et des notions generales, la syllogistique devint aussi l'objet d'etudes minutieuses d'apres l'*Organon* d'Aristote A la philosophie scolastique ou des ecoles se rattache le nom celebre de *saint Anselme* (1034-1109), archevêque de Cantorbery, dont la these originale consista à soutenir que Dieu existe precisement parce qu'il est parfait, car l'ideal est ce qu'il y a de plus idel, se distinguèrent aussi *Roscelin*, nominaliste, et *Abélard*, conceptualiste, puis *saint Thomas d'Aquin* (1225-1274), qui composa un *Cours complet de theologie*, l'un des grands monuments de l'esprit humain au moyen âge l'auteur y traite de Dieu, de l'homme et de Jesus Christ, mediateur entre Dieu et l'homme Le franciscain *Jean Duns Scot* fut l'adversaire des doctrines thomistes

Au XVIᵉ siecle, la Renaissance des lettres et des

sciences, à la suite de la prise de Constantinople et des grandes découvertes de cette epoque, favorisa l'essor de la philosophie Les œuvres de Platon et d Aristote furent mieux connues, on etait fatigue des études purement logiques du syllogisme Tous les systemes anciens reapparurent Mais ces tentatives furent souvent mal dirigees, elles aboutirent au pantheisme de *Giordano Bruno* (1600) et au scepticisme erudit des *Essais de Montaigne* (1592)

### Philosophie moderne

La philosophie des temps modernes dans l'Europe occidentale, a pour caractere de s appuyer sur l'étude de l'âme consideree comme le point de départ oblige de la philosophie, de plus elle est independante de la theologie positive. Elle s'allie avec toutes les sciences experimentales et, approfondissant l'histoire de la philosophie, elle y cherche la vraie tradition de l'antiquité

*François Bacon*, chancelier d'Angleterre (1561-1626), pensa qu'il fallait d'abord reformer la methode Son principal ouvrage philosophique a pour titre *Instauratio magna scientiarum* La premiere partie seule est terminee, l'auteur y traite *De dignitate et augmentis scientiarum*, il signale d'abord les causes qui ont retarde les progres de nos connaissances Puis il classe les sciences en trois groupes d'apres les facultes intellectuelles qui les acquierent. A la memoire il rapporte l'histoire, à l'imagination, la poesie et les arts, au raisonnement et à la raison, les mathematiques, les sciences de la nature et la philosophie D'Alembert a reproduit, dans le *Discours préliminaire de l'Encyclopédie*, cette classification de Bacon.

La seconde partie de l'*Instauratio magna* est le *Novum organum*, ainsi nommé pour le distinguer de celui d'Aristote Dans le premier livre, Bacon explique les raisons qui

l'ont engagé à chercher une nouvelle méthode, il se sépare
à la fois des dogmatiques qui prétendent tout savoir, et
des sceptiques qui soutiennent qu'on ne peut rien savoir
Il déclare que la science est encore à faire, mais qu'elle
est possible si l'on suit une méthode nouvelle  Il importe
surtout d'observer la nature, de renoncer aux hypotheses
et d'éviter les erreurs qui nuisent au progres  A ces conditions, il promet aux sciences une perfectibilite indefinie
et aux savants une puissance sans bornes sur la nature  Il
donne aux erreurs le nom de fausses images ou idoles, et
en distingue quatre especes  erreurs universelles ou idoles
de la tribu humaine, erreurs individuelles ou idoles de
l'antre, puis les erreurs du langage, idoles du Forum, et
enfin les erreurs des systemes et des savants, ou idoles de
theâtre  Il condamne surtout l'abus du syllogisme  Il critique aussi le respect exageré qu'on a pour les anciens, il
condamne le dedain des expériences et la precipitation
avec laquelle on formule les theories les plus génerales

Dans la seconde partie du *Novum organum*, Bacon montre le rôle du raisonnement dans l'interprétation de la nature  c'est la decouverte des lois  On y arrive en compa
rant entre eux tous les faits observés, en signalant leur
constance dans des tableaux, en distinguant parmi les
faits ceux qui sont rares ou privilegies  Bacon appliqua
lui-même ses preceptes en constatant, avant Galilée et
Torricelli, l'elasticite et la pesanteur de l'air  *Hobbes* (1588-
1679) traduisit en latin ses ouvrages et il en a exagéré la
tendance sensualiste. Il se montre materialiste et favo
rable au despotisme.

Plus sage et plus elevée fut la philosophie de *Descartes*,
son contemporain (1596-1650)  On peut définir le systeme
de Descartes un spiritualisme exagéré ou l'erreur se mêle
à la verité, mais ou celle-ci prédomine  Tourmenté par
l'esprit de doute, Descartes trouve dans la notion psychologique de son existence le fondement inebranlable de la
verite  Je doute, donc je pense, je pense, donc je suis.

De cette notion si claire de sa pensée, il tire la définition
de la spiritualité de l'âme, qu'il appelle une substanse pen-
sante, par opposition au corps substance étendue Sur
cette même base, il établit la preuve de l'existence de
Dieu , en effet, reflechissant sur la nature imparfaite de
sa pensee sujette a l'ignorance et au doute, il constate
qu'il possede l'idee de l'infini et du parfait Or, quelle est
l'origine de cette idee, quel en est l'objet, sinon Dieu lui-
même ? Enfin, c'est sur la veracite de Dieu que, par un
detour sophistique, il s'appuie pour legitimer sa croyance
au monde exterieur — En physique, Descartes suit une
methode synthetique, trop *a priori* Il n'observe pas assez,
il suppose trop Il considere le monde comme un vaste
mécanisme construit par les mains de Dieu la matiere et
le mouvement lui suffisent pour tout expliquer, et ce
mouvement lui-meme est soumis à deux lois, la force cen
tripete, la force centrifuge De la le systeme des tourbillons
relatif aux mouvements des astres De même dans le
corps de l'animal, dans le corps humain, dans l'instinct
et l'habitude, il ne voit qu'automatisme avec matiere et
mouvement — La psychologie cartésienne est incomplete
et souvent confuse Bien qu'il ait compose un *Traite sur
les Passions*, il ne definit nettement que deux facultés
l'entendement et la volonte , et encore vouloir est pour lui
presque un mode de la pensee, car, dit-il (*Disc de la
Méthode*, 3° partie, 4ᵉ maxime), « il suffit de bien juger
pour bien faire » Puis il distingue trois sortes d'idees,
adventices, factices, innees , il n'est donc pas sensualiste
Son explication des passions est toute physiologique Enfin, en essayant d'expliquer l'union de l'âme et du corps,
il a plutot nie cette union en admettant l'hypothese des
esprits animaux — La logique de Descartes se trouve
résumee dans son *Discours de la Méthode*, dont nous donnons plus loin l'analyse Sa morale ne forme pas un systeme de preceptes, elle consiste en quelques maximes
eparses dans ses lettres et dans la 3 partie du *Discours de*

*la Méthode*, il y declare que le bonheur consiste dans la vertu, dans l'égalité d âme, et que la plus belle occupation est l'acquisition de la science

Descartes eut des disciples immediats et directs, tels que Regis Rohault Clerselier, et aussi des disciples independants tels que Malebranche, Spinoza et Leibniz Arnauld Pascal, Bossuet et Fenelon adopterent plusieurs de ses opinions Mais l'abbe Gassendi (1592-1655), sensualiste et epicurien, fut le principal adversaire de Descartes Il critiqua surtout sa theorie des idees innées

Resumons la doctrine des trois grands cartesiens independants D apres *Malebranche* (1638-1715), on peut, d'une maniere generale, rendre compte de tous les etres, en admettant d abord dans l'univers du mouvement et de l'étendue, essence de la matiere, puis de la pensee, et enfin une cause premiere, Dieu, lequel existe, dit-il, puisqu'il est pense Mais Dieu seul est cause réellement efficiente lui seul produit dans la matiere et dans nos corps les mouvements et l etendue, lui seul aussi produit en nos ames la raison, la vraie science et la resolution libre De li deux theories importantes, d abord celle de la vision en Dieu connaître les choses, c est les connaître dans leur essence intelligible et dans leurs idees, or, les idées de toutes choses sont dans la pensée creatrice de Dieu, puis celle des causes occasionnelles hypothese qu'il applique soit a notre libre arbitre, soit à l union de l ame et du corps d'une part, il pense que c est Dieu qui, par sa grâce, nous fait sentir et même en partie consentir, d'autre part, il soutient que l'ame et le corps n'ayant pas d'activité propre, l'ame produit une certaine pensée a l'occasion de tel mouvement du corps Or, mouvement et pensée viennent de Dieu, seule cause efficiente Malebranche est donc fort pres d accepter le pantheisme bien qu il l'eut désavoue Son principal ouvrage est la *Recherche de la vérité*, dont plus loin nous analysons une partie

Mais *Spinoza* (né a Amsterdam en 1632, mort en 1677)

professe nettement le pantheisme  Procédant geometri-
quement par axiomes, théoremes et corollaires,  il pose la
definition de la substance « ce qui est  en soi et par soi, »
puis celles de l'attribut et du mode  Il n'y a, dit-il, qu'une
seule substance reelle, celle  de Dieu, et comme nous ne
connaissons que deux attributs principaux de la substance,
a savoir la pensee et l'etendue,  il en resulte que Dieu
lui-meme est à la fois *res cogitans et res extensa*  Cet être
infini et unique se developpe suivant des lois necessaires,
tout ce que nous voyons, faits et etres, resulte sans finalite aucune d'une immense serie de causes secondes  Dieu
et le monde sont identiques, Dieu, c'est le monde à l'état
d'enveloppement, le monde, c'est Dieu à l'état de developpement et d'epanouissement  Des lors l'homme ne sera
pas pour Spinoza un être substantiel et personnel, il ne
sera qu'un mode de Dieu  Notre corps est soumis aux lois
necessaires de l'etendue divine, notre âme à celle de la
pensee divine  En nous tout est determine, se croire
libre, c est ignorer les vraies causes de nos résolutions.
Notre ame n'est pas une force libre et qui se possede, elle
n'est qu'une collection d'idées, les unes confuses, les
autres claires  La vertu n'est donc pas la pratique libre et
courageuse du devoir mais le progres de la pensée, l'acquisition de la science, l'exercice de la raison  S'identifier
par la pensee à l'eternelle necessite, telle est la sagesse et
tel est aussi le bonheur  Aimer cette necessite, c'est aimer
Dieu et comprendre Dieu, c'est devenir immortel, c'est
rapporter toutes les idées de notre âme à des objets eter-
nels et imperissables

*Leibniz* (1646-1716), le dernier et le plus grand des
cartésiens, fut moins systematique et plus complet que
Spinoza  il n'exclut pas le monde moral, bien qu'il s'en
soit fait une idee imparfaite, car il pense, lui aussi, que
tout est determiné, que le passé est gros de l'avenir, il
emprunte même à Spinoza la celebre expression que l'âme
serait un automate spirituel. Neanmoins il admet une ac-

tivité inhérente à toutes les monades ou éléments simples des êtres conscients ou inconscients. Mais l'activité de chaque monade est une spontaneité interne, en sorte que si l'harmonie règne dans l'univers, il faut qu'elle ait été préétablie par Dieu entre tous ces éléments simples. L'union de l'âme et du corps n'est elle-même qu'une harmonie préétablie, comme cela serait entre deux horloges distinctes, mais bien réglées : entre l'âme et le corps, pas d'influence active véritable. — En idéologie, Leibniz a combattu le sensualisme de Locke, il pense qu'il y a des principes *a priori* dont l'exercice des sens ne rendra jamais compte. Voir plus loin les analyses du livre I<sup>er</sup> de son *Essai sur l'entendement* et de la *Monadologie.* — En théodicée, Leibniz admet nettement l'existence d'un Dieu personnel, bon et créateur. Il veut qu'on ne se représente pas Dieu comme un despote dont le souverain pouvoir est affranchi des règles de la justice, mais comme une Providence infiniment juste et bienfaisante. Dieu ne nous enlève pas notre libre arbitre en le rendant impossible ou vain par sa puissance, on doit sur ce point éviter soit le sophisme de la raison paresseuse, soit la nécessité panthéistique des stoïciens, soit la prédestination janséniste. Le mal est inhérent à l'essence de tout être fini, le mal n'a pas de cause efficiente et positivement productrice, mais il est un manque, un défaut. Notre libre arbitre ne consiste pas en une indifférence aux motifs, car, au contraire, nous suivons l'inclination prévalente. D'autre part, Dieu incline par sa grâce, mais ne contraint pas notre volonté. Mais, à ce propos, Leibniz, contrairement à Descartes, conteste la valeur du sentiment vif interne sur notre autonomie morale. Au fond, il ne nie pas notre libre arbitre, il le considère comme une condition de la vertu, aussi Dieu devait-il en tolérer l'abus et laisser ainsi subsister le mal moral, *culpa.* Quant au mal physique, *dolor, tristitia,* il ne prouve pas non plus contre la Providence, car il résulte de lois générales qui contribuent à la perfec-

tion du monde Il est la condition de notre valeur morale.
Leibniz conclut enfin a l optimisme on doit concevoir pour
l'univers un meilleur non pas fixe, mais progressif et infini

En Angleterre, *Locke* (1632-1704) avait, durant la
seconde partie du XVII° siecle, comme succédé a Hobbes,
mais en ameliorant ses doctrines Il conteste l'existence
d'idees innees les fous, les idiots, les enfants les sauvages n'en possedent pas , donc elles sont acquises par
notre propre elaboration intellectuelle ou par l'education
Il reconnaît donc comme source de nos idees, outre la sensation, la reflexion attentive qui travaille sur ces données
pour les séparer, les combiner et en former des idees generales Son explication sur la perception externe est
aujourd hui abandonnee, a savoir celle des idées ou
images representatives, sortes de realités intermediaires
que seules, dit il, notre esprit atteint quand il connait
par les sens Au siecle suivant, Berkeley et Hume s'appuie
ront sur cette hypothese pour conclure l un l'immateria-
lisme, l'autre l'associationisme et le phenomémisme scep-
tique * — Mais Locke l'emporte a juste titre par son libe-
ralisme politique il reconnait l existence de droits
naturels anterieurs a la constitution de l'Etat , ce sont les
droits a la vie, a la liberte, a la propriete, celle ci a pour
origine morale notre travail, a la condition de n'abuser de
rien et de ne pas laisser perir notre bien Il condamne
l'esclavage — La puissance du prince repose essentiellement, dit-il, sur un contrat renouvelable et respectueux
de nos droits Tout gouvernement comprend trois pouvoirs, legislatif, exécutif et judiciaire

Au siecle suivant, *Adam Smith* (1723-1790) se distingua
comme philosophe et comme economiste , il pretendit que
le bien moral est ce qui provoque la sympathie de nos
semblables, il fonda la morale sur le sentiment En

----

Voir plus loin l'Essai sur l'entendement, où Leibniz, les doctrines de Locke
y sont critiquées

Ecosse, *Thomas Reid*, professeur a Glascow (1704-1796) corrigea la psychologie de Locke et observa exactement l'âme humaine —I a philosophie francaise du XVIII'siecle est generalement sensualiste simon dans l'enseignement des écoles, du moins dans les ouvrages des penseurs independants Le premier d'entre eux fut l'abbe *de Condillac* (1715-1780), precepteur de l infant de Parme Il se montra plus sensualiste que Locke pour expliquer la suite et la production de nos connaissances et de nos resolutions libres, il n'admet que la sensation et le desir toute notre vie spirituelle, dit il en procede i la suite de transformations successives Rien de plus superficiel, de plus inexact que ses definitions l'attention est une sensation qui persiste et devient exclusive', une science est une langue bien faite, l ame est la collection des sensations éprouvées et non pas un principe substantiel Helvetius, Volney, Cabanis, tirent les consequences materialistes de ces prémisses — Voir plus loin l analyse du livre I<sup>er</sup> du *Traite des sensations*

Dans un autre ordre d idees, *Montesquieu* (1689-1755) et *Jean Jacques Rousseau* (1712 1778) firent preuve d originalite L un présente d'importantes idées sur les lois et les formes de gouvernement Il donne la theorie des gouvernements mixtes, dont la constitution anglaise lui fournissait le modele L'autre, malgre des paradoxes, eut un sentiment vrai de la moralite humaine, il croyait en Dieu, il protesta contre le scepticisme de ses contemporains et proclama la souverainete du peuple

L'Allemagne ne resta pas indifferente aux discussions philosophiques du XVIII<sup>e</sup> siecle Deja Leibniz avait, au siecle precedent, joue un role important, il avait corrigé Descartes, repondu à Locke, a Bayle et même il avait pris part aux controverses religieuses de son temps Un autre philosophe, le professeur Kant, ne et mort a Kœnigsberg (1724-1804) n'eut pas moins d influence et fut plus original, le scepticisme de Hume le tira de son « sommeil dogmatique », et il songea à critiquer d'abord la raison pure, c'est-à-dire spéculative ensuite la raison pratique c'est-à-dire morale — Il fait dans notre intelligence une large part à l'inneïté nos cinq sens nous font percevoir le non moi sous la forme innée de l'espace, notre conscience nous fait saisir les phénomènes du moi sous la forme ou condition innée du temps Donc, en dehors de notre intelligence, l'espace et le temps ne sont rien Puis l'entendement s'empare activement des premières données sensibles sur le non moi et le moi, il les coordonne pour en faire des jugements, il admet aussi des formes innées, au nombre de quatre, la quantité la qualité, la relation, la modalité Enfin la raison nous fait dépasser le phénomène et concevoir au-dessus de ces multiples apparences l'inconditionné, l'absolu, la substance matérielle, l'âme et Dieu ces trois réalités invisibles sont l'objet de la métaphysique — En fait nous ne connaissons que des phénomènes, dès que par la raison nous essayons de les dépasser, nous aboutissons à quatre antinomies telles que celle ci pour les sens le monde semble fini et limité, pour la raison il doit être infini et sans bornes — Dans sa critique de la *Raison pratique*, Kant a professé la doctrine de l'obligation Il eût mieux fait sans doute de fonder la morale sur l'idée du Bien plutôt que sur le Devoir, mais il a caractérisé ce dernier avec profondeur et netteté, il l'appelle l'impératif catégorique et il l'oppose aux conseils de l'intérêt, qu'il appelle l'impératif hypothétique Il a cependant omis les devoirs de bienfaisance, bien qu'il ait espéré que la paix perpétuelle régnerait un jour entre les peuples Ensuite les idées morales lui parurent si importantes qu'elles postulent à titre de conséquences légitimes, d'abord la liberté de notre âme, ensuite un Dieu qui commande, récompense et punit, et enfin l'immortalité de notre personne

Au XIX° siècle, en France *Maine de Biran* (1760 1824) se fit remarquer par de profondes analyses de notre acti-

vie personnelle, *Victor Cousin* (1792 1867) restaura le
cartesianisme et enseigna, sous le nom d'éclectisme, les
grandes et belles theories du spiritualisme il a resume
sa doctrine dans le livre *du Vrai, du Beau et du Bien* dont
nous analysons plus loin la 3° partie En Allemagne Hegel
(1770 1831) continuant Kant, Fichte et Schelling aboutit
au pantheisme idealiste

De ce resume de l histoire de la philosophie il resulte
que les philosophes cherchent à résoudre les questions les
plus difficiles sur l'essence des choses, sur l'esprit humain
et sur le principe superieur de l'univers Leur rôle est im
portant au point de vue intellectuel, moral et social Leurs
speculations, dedaignées parfois des esprits superficiels,
ont seduit les plus grands genies, et provoque les plus
interessantes discussions

# AUTEURS FRANÇAIS

### Descartes  Discours de la méthode

Descartes, né à La Haye (Indre-et-Loire) en 1596, mort
à Stockholm en 1650, appliqua à toutes les sciences un
esprit createur et reforma la philosophie il habita vingt ans
la Ho  \de d'ou il publia le *Discours de la méthode*, 1637
les *Meditations*, 1641, les *Principes de la philosophie*, 1644

Le *Discours de la méthode* comprend six parties

**I** — Le bon sens est la chose la mieux partagée, mais
ce n'est pas assez d'avoir l'esprit bon, le principal est de
l'appliquer bien Aussi ai-je eu beaucoup d'heur d'avoir
forme une methode qui m'a permis d augmenter par degres ma connaissance J'avais ete nourri aux lettres des
mon enfance, j'estimais fort l'eloquence et je me plaisais
surtout aux mathematiques, mais, quand j'eus acheve mes
etudes, je me trouvai embarrasse de doutes et d'erreurs ,

je re arquai qu'il n'y a en philosophie aucune chose dont on ne dispute Alors j'employai le reste de ma jeunesse à voyager, à voir des cours et des armées, là encore je ne trouvai guere de quoi m'assurer, mais enfin je pris un jour la resolution de me choisir les chemins que je devais suivre pour sortir d'incertitude

**II** — J'etais alors en Allemagne a l'occasion de la guerre, quand le commencement de l hiver m'arrêta dans le duche de Neubourg* et là je m'entretins de mes pensées Je pris le parti d'ôter de mon esprit toutes les opinions que j'avais reçues jusqu'alors afin d'y en remettre ou d'autres meilleures ou les mêmes mieux ajustées Je fis reflexion que la coutume nous persuade plus que la connaissance certaine et que neanmoins la pluralite des voix n'a que fort peu de valeur pour les verites malaisees a decouvrir En outre je pris garde que la Logique avec tous ses syllogismes sert plutôt à expliquer à autrui les choses qu'on sait qu'à les apprendre soi-meme, aussi je crus que j'aurais assez des quatre principes suivants le premier etait de ne recevoir jamais aucune chose pour vraie que je ne la connusse *evidemment* etre telle c'est-à-dire d'eviter soigneusement la precipitation et de n'admettre que mes pensees claires et distinctes Le second de *diviser* chacune des difficultes en autant de parcelles que possible Le troisieme de conduire par *ordre* mes pensées en commençant par les objets les plus simples et en *supposant* meme de l'ordre entre ceux qui ne se precedent point naturellement Et le dernier, de faire partout des *dénombrements* entiers et des revues generales On aboutira ainsi meme dans les sciences de la nature, a ces longues chaines de raisons, toutes simples et faciles dont les géometres ont coutume de se servir, car la meilleure methode revient a une mathematique universelle

**III** — Mais afin que je ne demeurasse point irresolu en

* Sur le haut Danube

mes actions pendant que la raison m'obligeait à l'être en mes jugements, je me formai une morale par provision dont voici quelques maximes  1° obéir aux lois et aux coutumes de mon pays, rester dans ma religion,  suivre les opinions modérees, 2° être constant et ferme dans ma conduite, 3° me vaincre plutôt que la fortune, me soustraire ainsi, comme les stoïciens, à son empire , 4° continuer mes etudes, cultiver toujours ma raison, car il suffit de bien juger pour bien faire

Ces divers preceptes admis, je me remis à voyager et, pendant neuf annees, je roulai çà et là dans le monde. Mais mon dessein n'etait pas de douter pour douter, comme font les sceptiques, car au contraire je ne tendais qu'a m'assurer , j'appliquai cette methode à resoudre certaines difficultés relatives a l'âme, a Dieu et au monde extérieur

**IV** — Je rejelai comme faux tout ce en quoi je pouvais imaginer le moindre doute, me rappelant combien d'abord nos sens nous trompent, ensuite combien on se méprend souvent en raisonnant et combien enfin nos reves nous font illusion Mais alors je remarquai que cette verite, je pense  donc je suis, assertion évidente par elle-meme et nullement syllogistique, pouvait devenir le premier principe de ma philosophie Je connus de là que j'etais une substance dont toute l'essence est de penser, car douter, c'est déjà penser Or, qui doute et qui pense en moi, sinon mon ame ? Et comme penser n'a besoin, pour se produire, ni d'un lieu ni d'une chose materielle, il en resulte que mon ame est entierement distincte du corps et meme plus aisee a connaître que lui Ensuite de quoi je refléchis que douter est une imperfection, et que toutefois je concevais le parfait Quelle pouvait être la cause de cette importante notion ? Je voyais bien d'ou me venaient mes idees sur le ciel, la terre, la lumiere, mais je ne pouvais m'expliquer aussi facilement la presence de l'idée de perfection Je conclus que cette idee venait necessairement d'une nature c'est-à-dire d'un être, vraiment douée de perfection, et qui possédait tout ce que je connaissais me manquer, a savoir l'éternité, l'immutabilite, la toute puissance, la félicité, être sans lequel rien ne pourrait subsister un seul moment De plus, revenant a examiner l'idée que j'avais d'un être parfait, je constatai que l'existence s'y trouve deja implicitement comprise, car l'existence est la condition première de la perfection Ces verites me parurent si evidentes et si certaines que l'existence d'un Dieu me sembla seule fonder toute autre verité relative à notre corps, au monde exterieur et aux astres, car tout ce qui est reel vient de cet être parfait et infini

**V** — Ma methode me conduisit aussi à résoudre certaines questions de physique dans un traite (intitulé *Du Monde*) que je n'ose publier. J'y explique comment la lumiere vient non pas de l'émission d'une matiere propre, mais d'ondulations ou vibrations produites dans le ciel par le mouvement du soleil et des etoiles fixes J'y expose, par des raisons générales et sans admettre de finalité, comment, de la matiere et du mouvement etant supposes crees par Dieu, une terre des planetes, des cometes pourraient se former, comment pourraient apparaitre le flux et le reflux, les montagnes, les mers, les fontaines, comment encore, par une evolution mécanique, toutes les choses materielles pourraient *se transformer avec le temps et devenir ce que nous les voyons à présent* J'y parle aussi du mouvement du cœur et des arteres, tel que l'a naguere decrit un médecin d'Angleterre (William Harvey, 1578-1657), j'y montre encore quelle doit etre la structure du corps humain, quelle est la nature des esprits animaux, sorte de flamme tres vive et tres pure qui monte du cœur dans le cerveau et meut tous nos membres, j'y presente enfin mes opinions sur l'âme automatique des bêtes, sur l'ame raisonnable de l'homme et sur son union avec le corps

**VI** — Mais, pour passer plus outre, des experiences

sont necessaires, et j'y convie tous les bons esprits Elles
sont d'autant plus importantes qu on est plus avance,
car, pour le commencement, il faut se contentei de celles
qui se presentent d'elles-mêmes Que si un homme seul
ne suffit pas à les faire toutes, du moins doit-il les diriger
toutes et ne rechercher que le bien public, car c est proprement ne valoir rien que n'être utile à personne Ai-je
reussi dans mon dessein ? Je ne le sais, mais je dirai seulement que j'ai resolu de n'employer le temps qui me
reste à autre chose qu'à l'acquisition d'une plus ample
connaissance de la nature.

**Descartes   Principes de la Philosophie, livre Ier**

Les *Principes de la Philosophie* parurent d'abord à
Amsterdam en 1644, en latin , ils etaient dédiés à Elisa-
beth, premiere fille de Fréderic, roi de Boheme  Dans
une *Lettre au traducteur*, l'abbé Picot, Descartes explique
que la philosophie est la science des premieres causes
et des principes clairs et evidents Cette étude est plus
necessaire pour regler nos mœurs et nous conduire en
cette vie que n est l'usage de nos yeux pour guider nos
pas

D'ailleurs la science  humaine admet plusieurs degrés
d'abord notions faciles et fortuites , puis notions qui résultent d'unelongue experience, ensuite verités acquises à
la suite de nos relations sociales, en outre, connaissances
conservees par les livres, enfin, au cinquieme degré, se
place la recherche des premieres causes, recherche que
Platon, Aristote et d'autres ont tentée, mais en vain  car
on n'a pas ete d'accord sur le vide, les atomes, le chaud
le froid, etc  Quant à Descartes, il fondera, dit il, sa
philosophie sur un doute provisoire, sur l evidence de
notre existence personnelle et sur Dieu, source de toute
vérité

Tout cet ouvrage se divisera en quatre parties 1° métaphysique ou principes de la connaissance, 2° physique, 3° des cieux, 4° nature de notre planète, de l'air, de l'eau, du feu, de l'aimant

*Analyse* de la première partie

Pour s'assurer dans ses propres connaissances, il est besoin, une fois en sa vie, de mettre toutes choses en doute Ainsi, vu les erreurs des sens, vu aussi les illusions des rêves nous pouvons douter de la vérité des choses sensibles On doutera même des démonstrations de mathématiques, car on s'y est souvent trompé Pour sortir de ce doute provisoire, nous remarquerons que nous ne saurions rejeter cette proposition Je pense, donc je suis, et même c'est là comme un biais qui nous permettra de connaître la nature de notre âme c'est elle qui doute et qui pense, elle est, par le fait même de cette pensée, entièrement distincte du corps, pour être, elle n'a pas besoin d'étendue, de figure et de lieu, de plus. la notion que nous avons de notre âme précède celle que nous avons du corps

Lorsque, peu après (§ 14), nous passons en revue nos diverses notions nous constatons celle d'un être tout-puissant et parfait, appelé Dieu Or, cette perfection rend l'existence de Dieu non seulement possible, mais absolument nécessaire et éternelle, au contraire, la nécessité d'être n'est pas comprise en la notion que nous avons des autres choses

En outre, cette importante notion d'un être parfait, nous ne la tenons ni du néant, car il est tout à fait impuissant, ni d'un être imparfait, tel que nous-mêmes, nous la tenons donc de Dieu De plus ce qui connaît quelque chose de plus parfait que soi ne s'est pas donné l'être, car celui qui concevrait l'existence absolue, se l'attribuerait s'il le pouvait Il y a donc un Dieu, être nécessaire tout-connaissant, tout puissant, source de toute bonté, créateur de toutes choses De plus l n'est point corporel, car être etendu et divisible serait pour lui une imperfection. Pour la même raison il ne possede pas d'organes des sens Il entend, veut et fait tout par une même et tres simple action En deux mots, il est infini, tandis que nous sommes entierement finis

Mais (§ 26) ne tâchons pas de comprendre pleinement l'infini, contentons nous de le distinguer de l'indéfini, c'est-à-dire de ce dont nous ne voyons pas la borne, bien qu'elle existe Nous ne nous arrêterons pas aussi à examiner les fins que Dieu s'est proposées en créant le monde et nous rejetterons entierement de notre philosophie la recherche des causes finales, car Dieu ne nous a point fait part de ses conseils Seulement nous pensons qu'il ne nous trompe pas et que tout cela est vrai que nous connaissons avec *évidence,* et nous voilà ainsi delivres du doute hyperbolique ci-dessus propose

Du reste d'ou viennent nos erreurs ? De notre volonte En effet toutes nos façons de penser peuvent se ramener a deux (§ 32), d'une part sentir, imaginer, percevoir, concevoir, d'autre part désirer hair, assurer, nier, douter, qui sont des façons différentes de vouloir Or notons que pour juger et adhérer il faut non seulement connaître, mais encore vouloir Lorsque nous distinguons le vrai d avec le faux, ne sommes nous pas responsables de ce libre choix ? Cette liberte de notre volonté se connaît sans preuve, par la seule expérience que nous en avons Il est vrai toutefois que personne ne veut expressément se meprendre, mais au moins presque tous consentent à decider sur des choses qu'ils ne connaissent pas

Voici, par exemple, deux notions claires et distinctes, c'est qu'entre toutes les choses créées les unes sont intellectuelles et pensantes, les autres sont corporelles avec étendue Il y faut ajouter les notions qui ne sont que des verites de notre esprit comme le principe de contradiction. Ces maximes ont leur siege seulement en notre pensee, mais, pour ce qui est des choses (§ 51) que nous consideıons comme ayant quelque existence en dehors de notre esprit, la substance est la plus importante, elle consiste en une chose qui n'a besoin que de soi-même pour exister Toutefois ce mot substance ne peut pas etre attribué à Dieu et aux créatures en meme sens Mais il peut être attribué à notre ame et a notre corps en même sens Nous avons aussi une idee claire et distincte d'une substance meieee qui pense et qui est independante, c est-a-dire d'un Dieu, mais ayons soin de n'y rien meler par une fiction de notre imagination Ensuite nous concevons aussi tres distinctement ce que c est que la duree, l'ordre et le nombie, mais ce ne sont que des manieres et façons subjectives de concevoir les choses ſ ai il importe de notei que parmi les qualites ou attributs (§ 57), il y en a quelques uns qui sont dans les choses mêmes et d'autres qui ne sont qu'en notre pensée, ces dernieres sont les idees de duree de temps et de nombie ainsi que les universaux, le genie, l'espece, la différence le propre et l accident

Enfin (§ 65) nous pouvons aussi concevoir distinctement plusieurs diverses facons de pensei, comme entendre, vouloir, imaginei, et plusieurs façons d'étendue comme toutes les figures, la situation, le mouvement Quant aux perceptions sensibles, sentiments, affections et appetits, nous en pouvons aussi avoir une connaissance claire mais remarquons bien qu'il n'y a rien dans les objets extérieurs qui soit semblable a la couleui, au son Ainsi rien de commun entre la perception d une couleui et la couleur de l'objet coloie, de meme la lumiere que nous pensons vou dans le soleil n'est pas dans le soleil ce qu'elle est en notre esprit (§ 67) Sur toutes ces questions sachons renoncer aux préjugés de notre enfance Sachons aussi qu'outre les choses etendues et imaginables, il y en a quantite d'autres qui ne sont qu'intelligibles Enfin defions-nous des mots de la langue, car souvent ils n'expii ment pas exactement nos pensees

## Malebranche  Recherche de la vérité, livre II — De l'imagination  1ᵉ partie, chap, I à V, 2ᵉ et 3 parties en entier

Malebranche ne à Paris en 1638, entra dans la congrégation de l'Oratoire, et y mourut en 1715  Il adopta les idées de Descartes, mais, plus que lui  il associa la théologie à la philosophie  Il est un de nos meilleurs écrivains

Son principal ouvrage est la *Recherche de la vérité* en six livres  Il s'efforce d'y faire ressortir la complete dependance de notre entendement par rapport à Dieu, dans  ce but il critique le mauvais emploi de nos facultés naturelles, il passe en revue les sens et surtout la vue,  l'imagi nation  l'entendement puis  les inclinations, les passions, les regles de la methode sur l'evidence des idées,  sur l'analyse

Au livre II, Malebranche insiste longuement sur  les effets dangereux de l'imagination

*Premiere partie* — Entre les organes des sens et le cerveau se trouvent de petits filets interieurs qui  agités par le cours des esprits animaux, font que l'ame se represente les objets, meme absents  Plus les vestiges laisses par les esprits animaux seront grands et distincts, plus l'ame imaginera fortement les objets  Ces esprits animaux sont la partie la plus subtile et la plus agitee du sang, les arteres les conduisent au cerveau*  L'air qu'on respire cause aussi quelque changement dans les esprits  les caracteres varient selon les pays  les Gascons ont l'imagination bien plus vive que les Normands  Ensuite les nerfs qui vont au cœur, aux poumons, au foie, aux visceres, contribuent encore a l'agitation des esprits  et cela indépen-

---

* Le rôle des esprits animaux a été aujourd'hui attribué  par l'ypothèse au fluide nerveux

dam nent de l'action de la volonte, car « tout cela ne se fait que par machine »

Comme toute l'alliance de l'esprit et du corps consiste dans une correspondance mutuelle, des que l'âme reçoit quelques nouvelles idees, il s'imprime dans le cerveau de nouvelles traces Puis la volonté des hommes est important pour regler la liaison des mêmes idees avec les mêmes traces, ensuite la troisieme cause de la liaison des idées avec les traces, c'est la volonte constante et immuable du Créateur. Ainsi s'expliquent nos habitudes de penser et surtout la memoire, laquelle peut passer pour une espece d habitude

*Deuxieme partie* — La delicatesse des fibres donne aux femmes une grande intelligence pour tout ce qui frappe les sens C est aux femmes à decider des modes, à juger de la langue, à discerner le bon air et les belles manieres Tout ce qui est abstrait leur est incomprehensible Elles ne considerent que l'ecorce des choses Pour l'homme, son ame étant moins divertie par les choses sensibles, il peut contempler facilement la vérité Encore doit-il s habituer a mediter sur toutes sortes de sujets, car l'ame se représente toujours les choses dont elle a des traces plus grandes et plus profondes Mais la vieillesse rend inflexibles les fibres du cerveau En genéral on se sert plutôt des yeux que de l'esprit pour se conduire, et cela par paresse ou par incapacité, ou par suite de la difficulte

En outre, on s'imagine que les opinions les plus vieilles sont les meilleures Quoi ! Aristote, Platon, Epicure ces grands hommes se seraient trompes ? Ou bien encore on se fait une science de memoire et non pas une science d'esprit, on ne sait que des histoires et des faits, mais non des verités evidentes Puis les gens d'etude s'entetent de quelque auteur tout en est vrai, tout en est bon, tout en est admirable De plus, ils se regardent eux-mêmes comme ne faisant avec leur auteur favori qu'une même personne Or, aussitôt qu'un esprit est preoccupé, il n'a

plus tout à fait le sens commun, et cela parce que les
traces que les objets de leur préoccupation ont imprimées
dans les fibres du cerveau sont si profondes qu'elles
demeurent toujours entr'ouvertes De même les inventeurs
de nouveaux systèmes ont d ordinaire l'imagination forte ,
aussi ne peut on plus les détromper La passion même
que nous avons pour la vérité nous trompe parfois, que
sera-ce quand la capacité de l'esprit est remplie des
images du plaisir et de la dissipation, comme il arrive aux
gens de cour, aux jeunes gens et aux beaux esprits ? Les
théologiens eux memes ne sont pas exempts des effets
d'une imagination mal réglée, et il en faut dire autant des
savants, des chimistes, des physiciens, quand ils observent
mal les circonstances

Dans la *troisième partie*, Malebranche parle de la communication ou influence contagieuse des imaginations De
la un penchant irrésistible à imiter ceux qui en sont
doués Au fond, une imagination forte produit des vi-
sions, mais d'une manière délicate et assez difficile à
reconnaître on n'est pas alors visionnaire des sens mais
visionnaire d'imagination , d ou naît une grande facilité
de s'exprimer accompagnée de la disposition a juger d'a
près l apparence Ce sont surtout les inférieurs, tels que
les enfants les courtisans, les serviteurs, qui subissent
l influence contagieuse des imaginations fortes La religion du prince fait la religion de ses sujets, ses plaisirs,
ses passions ses jeux, ses paroles, ses habits sont bientôt
à la mode , si Alexandre penche la tete, ses courtisans
penchent la tete

Enfin, une des plus remarquables preuves de la puissance que les imaginations ont les unes sur les autres,
c'est le pouvoir qu'ont certains auteurs de persuader sans
aucune raison Ainsi le tour des paroles de Tertullien
(auteur de l'*Apologie des martyrs*, du *de Pallio*, etc , mort
en 245) de Sénèque, de Montaigne, a tant de charme et
tant d'éclat qu il éblouit l'esprit, leurs paroles, toutes

mortes qu'elles sont ont plus de vigueur que la raison de certaines gens Elles entrent, elles penetrent dans l'âme si imperieusement qu'elles se font obeir sans se faire entendre On veut croire, mais on ne sait que croire Seneque, par exemple, convainc parce qu'il emeut Le portrait qu'il fait de Caton d'Utique est trop beau pour être naturel ce n'est que du fard Il est vrai, néanmoins, que toutes les pensées de Seneque ne sont pas fausses ni dangereuses Quant à Montaigne, il donne un tour si naturel et si vif à son style qu'il est malaise de le lire sans se laisser preoccuper Il n'a ni principes pour raisonner ni ordre pour deduire, ses traits d histoire ne prouvent pas, un petit conte ne demontre pas De plus, il a trop affecte de passer pour pyrrhonien Ses idees sont fausses, mais belles, ses discours mal raisonnes, mais bien imagines

**Pascal   De l'autorité en matière de philosophie  — De l'esprit géometrique  — Entretien avec M de Sacy**

*Pascal*, ne à Clermont-Ferrand en 1623, mourut a Paris en 1662 Malgre sa faible sante, il composa des ouvrages de mathematiques, contribua aux progres des sciences physiques ecrivit les *Lettres provinciales* et laissa inachevées ses *Pensees* On a aussi de lui quelques opuscules philosophiques dont voici l'analyse

**I** — De l'autorite en matiere de philosophie  — C'est un fragment de son traité du vide Pascal y critique le respect que l'on porte à l antiquite On se fait des oracles de toutes ses pensees et le texte d'un auteur suffit pour detruire les plus folles raisons

Parmi les sciences  les unes sont purement historiques, les autres dependent du raisonnement S il s agit de savoir qui fut premier roi des Français, on doit recourir a l'au torite des livres et des auteurs , c est surtout en theologie

positive qu il faudra s'adiessei à la tiadition  Mais il n'en
seia pas de même des  sujets  qui tombent sous le sens ou
sous  le iaisonnement    la iaison seule a lieu d'en con
naître  C'est pai cette methode que  la  géométrie,  l'aiith-
métique, la physique,  la medecine deviendiont paifaites.
Les anciens les ont tiouvces feulement ebauchees, et nous
les laisserons dans un etat plus accompli

Partageons avec plus  de justice notie ciedulite et notre
defiance  Ne regaidons pas comme un ciime de contredue
l'antiquite , ce seiait mettie notre iaison en paiallele avec
l'instinct des animaux, cai ceux que nous appelons anciens
etaient veiitablement nouyeaux en toutes choses C'est ainsi
que, sui le sujet du vide, ils admettaient faussement que
la natuie n'en souffie pas, mais de nouvelles expeiiences
eussent completement modifie leui opinion

**II** — De l'esprit geometrique, *1er fragment* — Sur
la géométie en geneial — Dans l'etude de la veiite, on
peut se pioposei soit de la decouviii, soit  de  la démontiei  Insistons sui l'ait de démontiei geométriquement
La methode la plus parfaite, mais qui dépasse même celle
des geometres, consisteiait à n'employei aucun teime
sans en donnei le sens, et à n'avancei aucune proposition
qu'en ne démontiai  La géométie approche autant que
possible de cette methode paifaite  D aboid, en effet, elle
ne reconnait que les définitions de nom ou nominales dont
l'utilité est d'abregei le discours  Elles sont libies et pas
sujettes a etre contiediles , toutefois on ne doit pas abusei
de cette liberté d'imposer des noms  Remaiquons aussi
qu'on ne peut pas tout definir et tout prouver, puisque les
piemieis termes qu on voudrait expliquer et les premieies
propositions que l'on voudiait demontiei, en supposeraient
d'autres  Aussi la geométie s'arrete dans ses explications  elle ne definit pas l'espace, le mouvement, le
nombre, l'egalite, etc  De même on ne definit que diffici-
lement la lumieie, et surtout l'etre, le temps  on iendrait
obscure l'idée du temps en disant qu'il est ou  le mouve-

ment d'une chose créée ou la mesure du mouvement
Qu'on ne s'étonne pas d'ailleurs si la géométrie ne défi-
nit pas ses principales idées, car c'est là plutôt une perfection qu'un défaut  c'est le résultat de l'évidence même
de ces idées

Soient encore le mouvement, le nombre, l'espace et l'é-
tendue, on peut leur appliquer l'infinité de grandeur et
l'infinité de petitesse, mais sans qu'il y ait lieu de rien
démontrer, car la nature nous a proposé deux infinis soit
pour les nombres, soit pour le temps, soit pour l'espace,
de telles idées doivent nous étonner, mais nous ne saurions en donner une exacte définition

2° *fragment*, sur l'art de persuader  — Il y a deux
entrées par où les opinions sont reçues dans l'ame, l'entendement et la volonté  La plus naturelle est celle de
l'entendement, car on ne devrait consentir qu'aux vérités
démontrées, mais la plus ordinaire est celle de la volonté,
c'est à dire du cœur, car trop souvent on croit non par la
preuve, mais par l'agrément  La preuve se fonde sur des
principes et des axiomes, l'agrément, sur certains désirs
naturels communs à tous les hommes, comme le désir
d'être heureux.

De ces deux méthodes, l'une de convaincre, l'autre
d'agréer, Pascal ne donnera ici les règles que de la première, car agréer est trop difficile, et de plus les principes
du plaisir ne sont pas fermes et stables, ils sont divers en
tous les hommes  L'art de convaincre consiste à  1° Définir
tous les termes obscurs ou équivoques; 2° N'accorder et ne
demander, en axiomes, que des principes évidents, 3°
Prouver toutes les propositions un peu obscures, en évi-
tant les termes équivoques

Or, malgré l'apparence contraire, il n'y a rien de si
inconnu, rien de plus difficile, rien de plus utile que de
suivre ces règles  Les mathematiciens seuls s'y conforment.
Les pensées poussent quelquefois tout autrement dans
l'esprit d'un autre que dans celui de leur auteur. Ainsi ce

principe la matiere est dans une incapacite naturelle de penser, et celui-ci je pense, donc je suis, ne furent pas les mêmes dans l'esprit de Descartes et dans l'esprit de Saint-Augustin Concluons donc que la methode de ne point errer est sans doute recherchee de tout le monde, mais les geomètres seuls la suivent.

**III** — Entretien avec M de Sacy sur Epictete et Montaigne — Quand Pascal fut entre en 1654 a Port Royal-des Champs, il eut avec M de Sacy un entretien dont voici les points importants Epictete, dit Pascal, a bien connu les devoirs de l'homme, Dieu est son principal objet, il admire la Providence divine et s y soumet Il veut aussi que l homme cache ses bonnes resolutions Mais, cont que Pascal comme Epictete etait « terre et cendres », il sait ce que l'homme doit, mais non ce qu'il peut par « une superbe diabolique », il pense que seul l'homme a la puissance de connaitre Dieu, de l'aimer et de lui obéir

De son côte Montaigne (*Apologie de la doctrine de Raimond-Sebond*, theologien espagnol mort en 1432, *Essais*, liv II , chap XII) met tout dans un doute si general que ce doute s'emporte lui-même, car il n'ose même l affirmer, à tout il dit que sais je ? Il demande en effet ce qu'est l'âme, si elle est spirituelle, quand elle a commence d'etre, quelle est l'essence de l'erreur, ce que sont le temps, l espace, le mouvement, l'etendue, l'unite Il critique les axiomes et sape les bases des diverses sciences M de Sacy, vu sa foi religieuse, fut surpris de ces doutes des sceptiques Mais Pascal avait son but je ne puis voir sans joie, dit-il, la superbe raison si invinciblement froissée Epictete, remarquant en l'homme quelques traces de la premiere grandeur originelle, a traite sa nature comme saine et n ayant pas besoin d un redempteur Mais Montaigne, éprouvant la misere présente, résultat de la chute d'Adam, puis ne tenant aucun compte de la rédemption, aboutit au desespoir, ce qui est logique

### Leibniz  Nouveaux essais sur l'entendement humain, avant-propos et livre I

Leibniz, ne a Leipsig en 1646  mort a Hanovre en 1716, se distingua dans le droit, les mathématiques, l'histoire et la philosophie  Il habita la France de 1672 a 1676 et il y devint écrivain francais  En philosophie ses ouvrages sont, outre sa correspondance  *Essais sur l entendement humain*, réponse a Locke, *Théodicée,* reponse a Bayle, et *Monadologie*

Ses *Essais sur l'entendement humain* sont précédés d un *avant-propos* important  Il y remarque d abord que la doctrine de Locke sur l origine des idees se rapporte plus à Aristote et la sienne a Platon, dans cette discussion il fera parler deux  personnages, l un, Philalethe, combattra les idees innées, l autre, Théophile, c'est-a-dire Leibnitz, les défendra  Il s'agit de savoir si notre esprit est vide d idees comme seraient des tablettes ou rien ne serait écrit, et si tout y vient uniquement des sens et de l'experience, ou si l ame contient originairement les principes de plusieurs notions  Mais les sens, quoique nécessaires a toutes nos connaissances actuelles  ne suffisent pas a nous les fournir toutes, car ils ne donnent que des exemples et des vérités individuelles  La logique, la théologie, la metaphysique et la morale sont pleines de vérités innées qui les fondent

On ne peut pas nier qu'il y ait beaucoup d'inné en notre esprit, puisque nous sommes innes à nous-mêmes, et puisqu'il y a en nous de l'etre, de l unite, de la substance, de la durée, du changement, de l'action  Supposons un marbre dont les veines marquent d'avance la figure d'Hercule préférablement a toute autre figure, on dira qu'Hercule est comme inné à ce marbre  C est ainsi que certaines idees et vérités sont innees, comme des inclinations, des

predispositions, des habitudes ou des virtualites naturelles
alors nous nous fournissons quelque objet de pensee de
notre propre fonds, il suffit de vouloir creuser

Locke est ensuite d'avis que l'esprit humain ne pense
pas toujours, mais sur ce point, dit Leibniz, il ne sera pas
aisé d'accorder cet auteur avec nous et les cartesiens car
l admission de perceptions insensibles dans l'ame est aussi
importante en pneumatique, c est a-dire en psychologie,
que les corpuscules le sont en physique Reconnaissons a
ce propos la grande loi de la continuité et convenons que
la nature ne fait jamais de sauts L'ame n'est pas plus
sans pensée que la substance n est sans action et sans
phenomenes

Ensuite Leibniz differe de Locke sur l'essence de la
matiere elle n'est pas seulement constituée par de petites
parties roides et unies Il faut plutôt concevoir l espace
comme plein d'une matiere originairement fluide, suscep
tible de toutes les divisions, mais d'une maniere inegale et
soumise a des mouvements réciproques Leibniz se demande encore si, comme le pretend Locke, la matiere peut
penser Il s'etonne que Locke apres avoir fait le difficile
sur les operations de l'ame, accorde à la matiere une puis
sance, une action qui n'est pas même intelligible l auteur
anglais o i tient en effet que l ame est sans doute spirituelle, mais pas immaterielle la liberté, la conscience,
auraient pu etre concédées a la matiere par Dieu Mais
Leibniz est d'avis qu'il est inintelligible et inexplicable que
la matiere ait du sentiment et de la raison Dieu sans
doute est tout puissant, mais il ne peut accorder aux
choses des attributs contraires à leur nature

Livre I$^{er}$ — Des notions innees — Chap I$^{er}$ — Philalèthe a rendu visite en Angleterre a Locke, ce philosophe,
renouvelant la doctrine de Democrite et de Gassendi, admet
le vide et les atomes, attribue la pensee a la matiere, prétend que, malgre Descartes, il n'y a pas d'idees innees et
qu'enfin l'âme ne pense pas toujours Alors Leibniz, sous

le nom de Theophile, declaie que tout en ayant renonce
au cartesianisme, il n admeie cependant pas à Gassendi et
qu'il a tiouve une nouvelle explication du rapport des
substances, c'est celle d'une harmonie preetablie pai
Dieu, i l'aide de laquelle on rend intelligible l'union de
l ame et du coips D autre part l'essence de la matiere
n'est pas l'étendue, comme le veulent les caitésiens, même
dans la matiere se tiouve une sorte d'organisme, rien n'y
est sterile ou négligé, paitout l ordre et la varieté

Philalethe piopose alois d'etudier de pres l'Essai sui
l'entendement de Locke Iheophile l'approuve et repondia
successivement Malgie Philalethe, il pense avec Descaites
que l idée de Dieu est innce ainsi que beaucoup d'autres
notions Elles viennent du fond de l ame, mais les sens
nous donnent occasion de les apeicevoii Mais les principes
suivants ce qui est est, il est impossible qu'une chose
soit et ne soit pas en meme temps, sont connus de tous,
on s'en sait a tout instant sans y reflechir Ne pouvoir les
formulei ne piouve pas qu on en est depourvu Aussi en
un sens toutes les veiites de l'arithmetique et de la géo-
metrie sont comme innees, vu qu'elles sont déduites de
piincipes innes Ces piincipes ne sont pas conseives par la
memoiie, mais ce sont des connaissances cachées dans le
fond de l'ame Notie esprit a plus qu'une puissance passive

De plus, quelque nombie d expeiiences paiticulieres
qu on puisse avoii d'une véiite universelle, on ne sauiait
s'en assuiei pou toujouis pii une simple induction, sans
en connaitie déjà la necessité pai la raison Les piincipes
font la liaison de nos pensées, comme les muscles et les
tendons servent a maichei Non seulement ils sont dans
notie espiit, mais ils correspondent aussi à la natuie des
choses — Mais iemarque Philalethe, peut-on dire que les
sciences les plus difficiles sont innées ? Leui connaissance
actuelle ne l'est point iépond Theophile, mais bien leur
connaissance viituelle, il paiaît etiange, ajoute Philalethe,

que l'esprit possede une vérité à laquelle il n'a jamais pense Theophile replique qu'il importe pour de telles verites de réflechir avec attention

Chap II — Au chapitre II il s'agit de savoir « s'il n'y a point de principes de pratique qui soient innes » Ce n'est, dit Philalethe, que par des discours et par quelque application de l esprit qu'on peut s assurer des vérités morales Theophile admet que la morale est une science demonstrative Mais il remarque que si nos penchants sont innés, la vérité l'est aussi Il y a sans doute des principes de morale qui ne sont pas innes, mais une verite derivative sera innée lorsque nous la pourrons tirer de notre esprit Toutefois les vérites morales d instinct ne portent pas à l'action d'une maniere invincible on y resiste par les passions, on les obscurcit par les préjugés et on les altere par des coutumes contraires Les sauvages americains sentent bien en certaines occasions ce que c'est que la justice, mais leurs coutumes sont pleines de cruaute Si la geométrie s'opposait a nos passions, nous la contesterions et la violerions

Mais les préceptes de morale supposent un législateur et une sanction Des lors demande Philalèthe, faut-il admettre que les idees d'un Dieu et d'une vie à venir soient aussi innées? J'en demeure d'accord, répond Theophile, dans le sens que j'ai explique, c'est à-dire que ce qui est inne n'est pas toujours connu distinctement

Chap III — Dans ce troisième chapitre Leibniz presente encore quelques considerations sur les principes innés soit de spéculation, soit de pratique Theophile est d'avis contre Philalethe qu'admettre l'inneite des verités premieres, c'est donc admettre l'innéité des idees qui constituent ces vérités, ainsi sont innées les idees d'être, de possible, d'identite De même l'idee de Dieu elle est innée, comme Locke le reconnait lui même dans son *Essai sur l'entendement* I 3, 9 Mais il importe de remarquer, dit Theophile en terminant, qu'admettre des verités innees ne doit point empêcher de chercher les pieuves des vérites qui en peuvent recevoir

### Leibniz   La Monadologie

La *Monadologie* est comme un resumé de la philosophie de Leibniz, on y trouve ses principales theses sur la philosophie de la nature, sur la psychologie et la theodicee. Elle fut composee en français par Leibniz, en 1714, pour le prince Eugene de Savoie

I La *monade* est une substance simple et sans parties Il faut qu'il y ait des substances simples, puisqu'il y a des composes, et ce que j appelle monade est une sorte d'atome, l'element indissoluble des choses La matiere n'est pas une chose unique en nombre, elle n'est pas une vraie monade ou unité substantielle, mais elle est un agiégat Les monades ne peuvent commencer ou finir que tout d'un coup, commencei par cieation, finii pai annihilation De plus une monade ne peutpas etre altérée ou changée dans son intérieur par quelque autre cieatuie, son developpement est tout intime et spontane Elle est indivisible, ingenéiable, incoriuptible, elle est comme un atome spiritualisé

Dans chaque monade se tiouve virtuellement la suite des détails qui constitueiont ses changements piogiessifs en cela consiste la peiception, laquelle est la faculte d'éprouver, avec plus ou moins de conscience, une multitude d'etats intellectuels La presence de ces petites modifications est tout a fait inexplicable pai figuies et mouvements mecaniques En effet, dans une machine on voit des pieces qui se poussent les unes les autres, au contraire une peiception se pioduit dans une substance une et indivisible En second lieu dans chaque monade se trouve aussi l'appétition ou tendance veis quelque objet

On pouriait appeler *âme* toute monade douee de perception et d'appetition, mais peut-êtie vaut-il mieux reservei ce nom aux monades dont la peiception est, comme pour l'esprit humain, plus distincte et accompagnee de mémoire Tout etat d'une monade est naturellement une suite de son etat piécédent  le piesent y est gios de l'avenir

Dans l'*âme humaine* les organes corpoiels ont pour effet de lui donner des perceptions plus piécises , d'autre pait les notions qui passent dans l'ame pai la peiception, la mémoire et l'imagination, representent d'abord et surtout l'etat des organes corporels Mais la connaissance des véiites nécessaiies et eternelles caracterise notre ame, elles constituent la iaison et produisent la science, elles nous elevent à la connaissance de nous-memes et de Dieu en nous donnant des idees de l etre, de la substance, de l'immateiiel Paimi ces veiites nécessaires, il en est deux qui fondent nos raisonnements  1º le principe de contiadiction, 2º le principe de iaison  suffisante, qui nous impose de recherchei une explication satisfaisante a tout ce qui n est pas piemiei

II Mais (§ 37) une supiême et derniere raison de tout doit se trouvei dans une substance nécessaire et qui se suffit, *Dieu* Tout expliquer et tout contenu, c'est pour Dieu êtie paifait , c'est posseder l etre sans bornes L'entendement de Dieu est la iegion des verites eteinelles et le principe des existences, car sans Dieu iien de ce qui est possible ne deviendrait réel , or, comme il y a du réel, il faut donc que Dieu existe Mais, quoique les véiités eteinelles soient en Dieu, ne croyons pas qu'elles soient arbitraires et qu'elles dépendent de sa volonté capiicieuse Dieu seul est la monade primitive et simple dont les autres iaissent de moment en moment comme des fulguiations continuelles.

III L'influence (§ 49) d'une monade sur une autre ne peut avoir son effet que par l'intervention de Dieu qu preetablit une *harmonie* geneiale entie toutes les choses , de celte manieie chaque monade est un miroir vivant de l'univers , elle se iessent de tout ce qui se fait, cai celle communication a des effets tiès lointains Toutefois c'est suitout le corps qui lui est attaché que chaque monade représente distinctement Rien d'incuIte, de stérile, de moit dans l'univers tout s'y tiouve dans un flux peipetuel Pour expliquei l'union de l'ame et du corps, Leibniz déclaie que l'ame suit ses propres lois et le corps aussi les siennes Cette union est donc le paiallélisme de deux existences, elle se produit en vertu de l'harmonie preetablie pai Dieu les ames agissent pai dessein et causes finales, le coips suit les causes efficientes

Difféients des simples âmes, les esprits raisonnables sont non seulement des miious vivants de l'univeis, mais encore les images de la divinite, etant capables de connaîtie le systeme du monde et d'entier ei    irce avec Dieu De là la naissance d'un monde moral    gnent les causes finales bien superieur au monde physique ou n'apparaissent que les causes efficientes telle est la cile de Dieu, monarchie véiitablement univeiselle et gouvernee pai le plus parfait des monarques

### Condillac , Traite des sensations, livre 1

Etienne Bonnot de Condillac, ne a Grenoble en 1713, moit en 1780 pres de Beaugency, piit les oidres ecclesiastiques et fut le chef de l'école sensualistr , il a composé un *Essai sui l'oiigine des connaissances humaines,* un *Traité des systèmes,* un *Traité des sensations* une *Logique*

Le piincipal objet du *Traité des sensations* est de faire voii comment toutes nos connaissances viennent des sensations Cette iecheiche peut contribuer aux progres de l'ait de raisonnei, en nous aidant à démelei l'origine de nos premieies operations Il ne suffit pas de iepétei à ce

propos, d'après Aristote, que nos idees viennent des sens.
Il faut demeler ce que nous devons à chaque sens De là
les quatre parties du *Traité des sensations* La premiere se
rapporte à l'odorat, l ouie, le gout et la vue La seconde se
rapporte au toucher, le seul sens qui juge par lui-meme
des objets exterieurs La troisieme montie comment le
toucher apprend aux autres sens a juger des objets Dans
la quatrieme on décrit les besoins et les idees d'un homme
isole qui jouit de tous ses sens

*Première partie* Locke distingue deux souices de nos
idees, les sens et la reflexion Il serait plus exact de n'en
reconnaître qu'une seule, car la réflexion n'est dans son
principe que la sensation meme ⋅ J'essayai en 1746, dit
Condillac, de donner la generation des facultes de l'âme.
Cette tentative paiut neuve et eut quelque succes ,
mais elle le dut à la maniere obscure dont je l'executai »
Pour y mieux réussii dans le *Traité des sensations.*
Condillac imagina une statue de marbre organisée inté-
rieurement comme nous, mais animee d'une ame privee
d'abord de toute espece d'idees et n'ayant d aboid l'usage
que de l'odorat, vu qu il est de tous les sens celui qui
paraît le moins contiibuer a la connaissance

Notie statue, ainsi bornee a l'odoiat, ne peut connaître
que des odeurs Elle ne perçoit ni l'étendue, ni la figure,
ni la couleur, ni le son, ni la saveur Si nous lui piésen-
tons une iose, elle sera odeur de rose, et elle n'auia aucune
idée de la matiere Elle ne seia capable que d attention a
cette odeur, elle en souffrira ou en jouiia, mais sans rien
desirer Ensuite ses désirs naîtront d'un état de douleur
qu'elle comparera i un état de plaisii que la mémoiie lui
rappellera , cette faculte de la memoiie n'est elle-même
qu'une manière de sentir les sensations passees, et elle devient vite une habitude De plus la statue est active dans
la production de l'état remémoié, passive dans celle de
l etat actuellement senti Bientôt elle compareia et jugera,
surtout si elle passe à un état nouveau , alors l'étonne-

ment augmente l'activite de son âme  Ses idees conser
vées pai la memoire se lient mieux  A la memoire s'ajoute
l'imagination quand les sensations passees  sont retracées
avec tant de force qu'elles paraissent piesentes Mais,
quand la sensation est assez vive pour remplii l'âme,
alors la statue est toute passive  le plaisii est pour elle
une espece d'iviesse

Des besoins (chap III) de cette statue naissent en elle
des desiis d'autant plus aidents qu'elle ressent plus vive-
ment la piiyation , son imagination provoque un etat
passionné, qui est de l'amoui ou de la haine, et qui, dès
lors, admet les degres du gout, du penchant  de l'inclination, ou bien de l'eloignement, de la repugnance, du de-
goût Nolons d'ailleuis que l'amoui dont notie statue est
capable n'est que l'amoui d'elle-même  Enfin le souvenir
d'avoir satisfait certains de ses desiis, l'espérance de les
satisfaiie encoie la porte à vouloir, cai on entend pai volonté un desir absolu, et tel que nous pensons qu'une
chose désiiee est en notie pouvoii.

Mais quelles seiont (chap IV) les idées d'un homme
ainsi boine au sens de l'odoiat ? L'odeui de la violette, pai
exemple, ne seia point poui la statue une idée commune à
plusieurs fleurs, car elle ne sait pas qu'il existe des vio
letles Puis elle a l'idee de l'unite toutes les fois qu'elle
eprouve une sensation  Mais elle ne peut guere comptei
au dela de tiois, cai c'est l'art des signes qui nous a appris
à poitei la lumieie plus loin; Puis du disceinement qui se
fait en elle  des odeurs naît une idée de succession, celle
d'une duiée de deux instants Comme elle n'embrasse
d'une manieie distinctu que jusqu'à  trois odeurs, elle
ne demêleia aussi que tiois instants dans sa duiee,
Pour avoir une idee de l'avenii, il faut  qu'elle ait  eu à
plusieurs iepiises  la même suite de sensations, et qu'elle
se soit fait une habitude de jugei qu'apres une modifica-
tion une autie doit suivie Elle n'auiait même connu qu'un
instant si le piemier corps odoiiferant eût agi sur elle

d'une maniere uniforme  Le changement est  encore  pour
la statue la condition de sa notion du moi, car, tant qu'elle
ne change pas, elle existe sans retour sur elle meme   Son
moi n'est  donc que  la *collection*  des  sensations  qu'elle
eprouve et de celles que la memoire lui rappelle

Concluons (chap  VII) qu'avec un seul sens l ame a  le
germe  de  *toutes* ses facultés , de  toutes  ses opérations ,
concluons surtout  que  le plaisir et la peine  ont  été  le
germe et la cause  productrice de notre  développement
spirituel  De l'odorat passons à  l'ouie   quand l'oreille
de la statue sera frappee par le son, elle deviendra la sensation qu'elle eprouve, elle sera  comme un echo, car elle
ne soupçonne pas qu'il existe autre chose  qu'elle  Puis
les degres de plaisir et de peine lui feront acquerir les
mêmes facultés qu'elle a acquises avec l'odorat, avec cette
difference que les odeurs sont plus propres a émouvoir que
les sons  La musique lui plaira davantage suivant  qu'elle
sera en proportion avec le jeu d exercice de  son  oreille
D'abord des chants simples et grossiers seront capables de
la ravir  D'autre part,  la réunion  de l'odorat et de l ouie
donne à notre statue comme une double existence

Ensuite (chap  X), l'exercice du gout lui fera acquérir
les memes facultes qu avec l ouie et l odorat  Plusieurs saveurs reunies lui paraîtront  d'abord comme une seule, et
elle ne les distinguera  qu'autant qu'elles se succederont
Du reste, les saveurs  l'affecteront  avec  plus de force que
les odeurs, le besoin de  nourriture  rendant  les saveurs
plus nécessaires  Ses désirs augmenteront, et elle contrac-
tera de nouvelles habitudes

Quant à la vue (chap  XI),  repétons d'abord que,  par ce
sens comme par les autres, nous n apercevons rien  qu'en
nous-mêmes, malgre l'apparence   aussi par la vue, notre
statue deviendra-t-elle lumiere et couleur ,  aussi Locke
convient-il qu'un aveugle-né dont  les yeux s'ouvriraient
a la lumière ne distinguerait  pas à la vue un globe d'un
cube  Notre statue se sent couleur rouge, puis jaune, puis

verte , la memoire l'aide à distinguer deux ou trois couleurs. Comme il est impossible de concevoir une couleur sans etendue, la notion de surface colorée résultera de l'exercice de la vue , puis le tact fera remarquer des grandeurs circonscrites

## V Cousin    Le Vrai, le Beau, le |Bien  (3ᵉ partie le Bien)

Victor Cousin, né à Paris en 1792, mort à Cannes en 1867, fut un des plus grands ecrivains et philosophes du XIXᵉ siecle Dans son enseignement à l'ecole normale supérieure et à la Sorbonne, il se rattacha à Descartes et fonda la philosophie sur la psychologie  Son livre sur *le Vrai, le Beau et le Bien* resume exactement sa doctrine. Dans les deux premieres parties, l'auteur enseigne que notre esprit possede des principes universels, necessaires et indemontrables Dieu est leur origine supérieure, il est aussi le premier principe du Beau. Celui-ci ne peut se ramener ni à ce qui est utile, ni a la convenance, ni à la proportion. Il admet deux elements  l'unite et la variete

*Troisiéme partie. Du Bien* I — La morale s'etend partout ou se trouve l'idée du Bien  Toutes les langues, en effet, comme toutes les nations, parlent de liberté, de devoirs et de droits , c est la un fait certain et universel : est-ce l'egoisme habile ou la vertu désinteressée que les poetes celebrent? Dira-t-on que la liberte, objet de tant de sacrifices, n'est qu'une illusion ? Non, car le temoignage de la conscience nous revele que l'homme est doue d'une volonte qui lui appartient, et que prouvent nos vœux ainsi que les faits moraux de l'estime, du mépris, de l'admiration, de l'indignation et du repentir. Ce n'est pas la société qui crée des principes moraux à son usage; ils lui sont bien antérieurs, ils sont contemporains de la pensee, ils inspirent toute juste sentence L'education les deve loppe, elle ne les invente pas Ainsi l idee de droit est-elle une chimere ? Né proclame-t-on point partout que la force doit etre au service du droit ?

II — La philosophie de la sensation, partant d'un fait unique, la sensation agréable ou penible, arrive necessaire ment à ériger en principe soit le plaisir actuel, soit l'interêt bien entendu Mais la morale de l'interêt n'est pas autre chose que celle du plaisir perfectionnee Elle admet sans doute comme le genre humain, le bien et le mal, mais elle les subordonne à la poursuite interessée du bonheur Pour ces moralistes, le bien est ce qui est conforme à notre véritable interêt En cela, ils reagissent avec quelque raison contre la rigueur excessive du stoicisme ou de l'ascetisme monacal Mais, si l'homme a le droit de rechercher son plaisir et son bonheur, n'y a-t-il pas en lui d'autres besoins plus elevés ? Exclusive et intolerante, la morale de l'interêt nie ce qu'elle n'explique pas Ainsi elle nie le libre arbitre et le confond avec le désir, lequel cependant en est juste l'opposé De cette grave confusion il resulte que le sensualiste n'a pas le droit de formuler de vrais preceptes de morale En second lieu, pour le sensualiste, le bien, c'est l'utile Mais alors le génie du calcul sera la vertu Or, une telle vertu n'est pas à la portee de tout le monde, il faudra une grande science pour être honnête homme, de plus cette vertu ne sera ni universelle ni obligatoire. Suis-je obligé d'être heureux? Enfin la morale de l'intérêt déchaîne tous les désirs, rend injustes la récompense comme la punition et légitime la guerre de tous contre tous

III.— Suivant d'autres philosophes, une action bonne est celle qui est suivie de la satisfaction morale, une action mauvaise est celle qui est suivie du remords D'autres encore ont assigné le même rôle à la bienveillance le bien est ce avec quoi nous sympathisons C'est là sans doute un principe supérieur à l'égoïsme épicurien car cette bienveillance pour les actes ou les maux d'autrui est désintéressée et de plus le sentiment est le compagnon fidèle et l'utile auxiliaire de la vertu Mais la sympathie, vu sa nature relative et changeante, ne deviendra jamais une règle fixe absolue, et surtout obligatoire

On a dit aussi que l'intérêt général devait être notre loi morale le bien serait le plus grand intérêt du plus grand nombre Ce nouveau principe porte sans doute au désintéressement, mais l'intérêt général n'est pas toujours conforme au droit on ne peut donc pas déclarer obligatoire la célèbre maxime Sacrifie-toi à ta famille, sacrifie ta famille à la patrie et la patrie à l'humanité Reste à sa voir enfin si ce sera la volonté de Dieu qui doit nous servir de règle morale Mais nous répondrons que si Dieu peut à juste titre être regardé comme le suprême représentant de la moralité, cependant sa volonté seule et arbitraire ne crée ni la justice ni la loi, sa volonté se conforme toujours à la nature des choses et des êtres

IV — Les vrais principes de la morale sont d'abord la distinction absolue du bien et du mal, c'est là un jugement rationnel que manifestent des sentiments désintéressés de bienveillance et d'antipathie ils impliquent aussi que l'agent a été libre dans ses actes De là la lutte de l'intérêt et du devoir, lutte remplie de troubles, de résolutions continues de joies et de remords Notons que ce jugement sur le Bien est simple, primitif et universel Ensuite le bien conçu comme obligatoire, c'est le devoir, il est absolu, il concorde avec le libre arbitre, attribut essentiel de notre volonté Il est aussi l'origine et la mesure exacte du droit Enfin son accomplissement appelle le bonheur sous peine de contradiction Telle est l'admirable économie de la constitution morale de l'homme

V — Mais à quel signe remarquerez-vous qu'une action est conforme au devoir ? A ce signe que le motif de cette action étant généralisé vous paraisse une maxime de le-

gislation universelle  digne de notre raison  Il n y a donc
qu'un seul devoir, celui de rester raisonnable  Or, cette
obligation aura d abord pour objet notre propre personne ,
nous ne devrons pas nous traiter  comme une chose  De la
la necessite de pratiquer la prudence la veracite, la temperance et d'affranchir le libre arbitre  En outre, la personne morale sera respectable  en autrui  Il sera des lors
raisonnable d etre juste envers nos semblables, et de respecter en eux la vie, la liberte, la propriete et tout ce qui
se rapporte a leur personne  Enfin  on tiendra compte encore de la valeur absolue de  la  personne en secourant un
pauvre  la justice respecte ou elle restitue  la charite
donne librement, mais elle n'impose qu une obligation
large , sa beaute est dans sa spontaneite  Mais la pratique
de cette vertu exige beaucoup de delicatesse et d attention  Enfin, sur la solide base de l egalite de nos droits
s'appuie la societe civile avec un gouvernement et des lois
qui le dirigent et le maintiennent

VI — Enfin, si l idee de Bien fonde les preceptes et les
lois, cette idee a pour principe Dieu lui-meme, c'est a dire
une personne morale comme la nôtre, car Dieu possede les
mêmes attributs que  nous, mais eleves à l'infini  C est
encore Dieu qui, en presence des fleaux, des calamites qui
frappent les bons comme les mechants  retablit l equilibre
entre la vertu et le bonheur, entre le vice et  le malheur
Mais, si la justice divine, pour s exercer sur nous, demande
une âme immortelle d autre part, la spiritualite de cette
âme est le fondement necessaire de l immortalite

FIN

# TABLE DES MATIÈRES


|  | PAGES |
|---|---|
| INTRODUCTION | 1 |
| PSYCHOLOGIE | 3 |
| LOGIQUE | 19 |
| MORALE | 26 |
| ECONOMIE POLITIQUE | 31 |
| MÉTAPHYSIQUE ET THÉODICÉE | 32 |

**PHILOSOPHIE ANCIENNE**    42

### AUTEURS GRECS

| | |
|---|---|
| Xénophon — *Memorables, I* | 52 |
| Platon — *Republique, VI* | 54 |
| Aristote — *Morale a Nicomaque, X* | 56 |
| Epictète — *Manuel* | 59 |

### AUTEURS LATINS

| | |
|---|---|
| Lucrèce — *De Natura rerum, V* | 61 |
| Ciceron — *De Natura Deorum II* | 64 |
| Cicéron — *De officiis, I* | 68 |
| Senèque — *Les seize premieres lettres a Lucilius* | 71 |

**PHILOSOPHIE DU MOYEN AGE**    75

**PHILOSOPHIE MODERNE**    76

### AUTEURS FRANÇAIS

| | |
|---|---|
| Descartes — *Discours de la methode* | 85 |
| Descartes — *Principes de la philosophie, I* | 89 |
| Malebranche — *Recherche de la verite, II* | 93 |
| Pascal — *Autorite en philosophie — Esprit geometrique — Entretien avec de Sacy* | 96 |
| Leibniz — *Essais sur l entendement, av prop et livre I* | 100 |
| Leibniz — *Monadologie* | 104 |
| Condillac — *Traite des sensations, I* | 106 |
| V Cousin — *Le Vrai, le Beau, le Bien, III* | 110 |